“十三五”国家重点出版物出版规划项目
中国经济治略丛书
国家社科基金面上项目（15BGJ034）

人民币弹性汇率制度改革和收入分配

RMB Flexible Exchange Rate Reforms and Income Distribution

李　颖　著

中国财经出版传媒集团
 经济科学出版社
Economic Science Press

图书在版编目（CIP）数据

人民币弹性汇率制度改革和收入分配/李颖著．
—北京：经济科学出版社，2019.7
（中国经济治略丛书）
ISBN 978-7-5218-0746-2

Ⅰ.①人…　Ⅱ.①李…　Ⅲ.①人民币汇率-货币制度-经济体制改革-研究②收入分配-分配制度-研究-中国
Ⅳ.①F832.63②F124.7

中国版本图书馆CIP数据核字（2019）第158367号

责任编辑：于海汛　陈　晨
责任校对：郑淑艳　蒋子明
责任印制：李　鹏

人民币弹性汇率制度改革和收入分配
李　颖　著
经济科学出版社出版、发行　新华书店经销
社址：北京市海淀区阜成路甲28号　邮编：100142
总编部电话：010-88191217　发行部电话：010-88191522
网址：www.esp.com.cn
电子邮件：esp@esp.com.cn
天猫网店：经济科学出版社旗舰店
网址：http://jjkxcbs.tmall.com
北京季蜂印刷有限公司印装
710×1000　16开　10.5印张　170000字
2019年7月第1版　2019年7月第1次印刷
ISBN 978-7-5218-0746-2　定价：42.00元
（图书出现印装问题，本社负责调换。电话：010-88191510）

总序

经过了30多年波澜壮阔的改革开放，中国的经济建设成就辉煌、举世瞩目。然而在欣喜之余，我们却蓦然发现，资源枯竭、环境恶化、发展失衡、矛盾凸显……如何克服这些困扰从而实现强国之梦？这已经成为每一位中国人时常思考的问题。作为在中国这片热土上成长起来的经济学者，汲取着经济腾飞的红利，享受着承平盛世的幸福，自然不敢也不该忘忧祖国的困境。总结、梳理我们的经验，守护、完善我们的制度，恪守、坚持我们的目标，均构成了中国经济学者义不容辞的责任与担当。

然而，经济系统纷繁复杂、新生现象如火如荼、现实问题无限细分，利益主体盘根错节，我们既无心更无力全面而深入地分析中国经济所面临的每一个问题。但是，我们深信躬身学习是崛起之道、强壮自身是发展之本。因此，我们选择了美国贸易竞争力、新政治经济学、品牌经济学、中国宏观金融风险、企业出口市场选择、人民币汇率、税收以及收入分配制度改革、“三农”问题等专题，出版了这套《中国经济治略丛书》，希望既能探寻学术研究的科学之道，又能落脚经济学的基本原则——经世济民，竭力让学术探索回归其普惠大众的终极功能。我们试图剖析、破解约束中国经济发展的上述一系列难题，为实现中华民族的振兴之梦贡献自己的绵薄之力。

诚然，囿于时间、知识以及能力，错误与不足之处在所难免，恳请各位前辈后学不吝赐教，以期抛砖引玉，激发对中国经济问题的更多分析或关注。最后，我们感谢所有参与丛书编写工作的专家学者，感谢经济科学出版社总编辑吕萍女士以及其出色的工作团队。

李长英

2016 年仲秋

前言

作为重要的金融调控杠杆和资源配置手段，汇率变化不但影响宏观经济总量，还具有显著的收入分配效果。1994 年人民币汇率并轨后的大幅贬值和其后的长期固定有力地推动了我国出口导向型经济的高速增长，与之相伴随，国内收入分配问题也日渐凸显——劳动者报酬和居民收入占国内生产总值（GDP）的比重持续下降，城乡、地区、行业和社会成员间收入差距持续扩大。时隔 10 多年的 2005 年人民币汇率形成机制改革旨在通过汇率的弹性浮动促进资源优化配置、推动中国经济增长模式由投资和出口驱动转向内需拉动。从居民收入结构看，近年来贫富差距虽未有显著改善，但确实没有继续恶化。人民币汇率制度改革和汇率变动给国内收入分配带来怎样的影响？如何发挥汇率机制的调控作用、通过汇率改革与其他政策手段的配合实现共同富裕的目标？

本书旨在从收入分配角度考察并评估人民币汇率制度改革的经济绩效，这一研究不但有助于弥补当前人民币汇率制度改革绩效的评估研究偏重宏观经济总量而忽略收入分配问题的不足，同时也具有重要的理论和现实意义。

（1）揭示中国转轨经济阶段特殊制度背景下人民币汇率变化对收入分配的传导机制和途径。中国经济转轨阶段特有的经济运行环境和制度特征决定了人民币汇率变动对收入分配传导机制的特殊性。基于改革开放后中国金融管制和金融体系二元化的制度特征，本书深入梳理了人民币汇率变动对收入分配的现实传导机制，并将之概括为就业收入机制、汇率传递机制、货币政策机制和金融开放机制，丰富了人民币汇率变动的收入分配机制研究。

(2) 从宏观和微观双重视角开展人民币汇率制度改革对收入分配影响效果的实证研究。国内外学者对汇率变动收入分配效果的研究主要基于宏观开放经济模型和“代表性居民”的假设，但宏观层面的分析可能会抹杀微观主体的异质性，往往低估汇率变动对收入分配的作用效果，从而影响分析结论的准确性。宏微观数据相结合，对人民币汇率变动的收入分配效果进行全方位解读，有助于增强结论的说服力。

(3) 基于人民币汇率制度改革对国内收入分配的作用效果，结合汇率政策的行政决策机制，解析汇率改革中的国内各利益主体的经济博弈，丰富和补充人民币汇率决定的政治经济学分析。社会各界围绕汇率制度选择和汇率变动进行的博弈是人民币汇率决定的重要影响因素，本书通过评估并比较不同汇率改革方案下地区之间、行业之间收入分配的差异，深入解析汇率改革中不同利益主体之间、利益主体与政府之间的博弈，弥补当前学者关于人民币汇率决定的政治经济学分析偏重国际（中美）政治博弈而忽略国内各利益主体的博弈影响分析的不足，丰富人民币汇率决定的政治经济学分析。

鉴于上述研究目的，课题基于人民币汇率变动对收入分配现实传导机制的分析，主要从理论和实证两方面深入考察不同维度上人民币汇率变动的收入分配效果。一是宏观层面，主要探讨人民币汇率改革和汇率变动对劳动和资本要素收入分配的影响。二是微观层面，基于家庭居民收入的微观数据分析，对汇率变动的个人收入分配效果进行实证检验；基于汇率变动对居民福利的作用机制，对人民币汇率变动的福利分配效应进行了全面评估。不同维度开展的实证研究取得了较为一致的结论，即，人民币贬值一方面恶化了要素收入分配，另一方面也扩大了个人收入差距，而货币升值则有助于改善收入不平等。宏观分析与微观分析的结合，为人民币汇率制度改革的收入分配效果提供了科学全面的解读。进一步地，鉴于人民币汇率变动具有显著的收入分配效果，接下来本书着眼于收入分配机制，从投资和消费两个层面考察评估了人民币汇率制度改革的宏观经济绩效，理论和实证研究均印证了收入分配机制在人民币汇率变动投资效应和消费效应中发挥的重要中介传导作用。最后，本书着重对汇率改革中国内不同群体的利益诉求和政策偏好进行解析和比较，继而通过各利益主体之间、各利益主体与政府之间的博弈分析，阐释国内各利益主体的汇率偏好在人民币汇率决定中的作用及其政策含义。本书主要研究内容和结论如下：

(1) 基于厂商价格加成模型，课题对汇率变动的功能性收入分配效果进行了理论分析，在此基础上，利用我国39个工业行业2002~2010年相关指标的年度数据和面板联立方程两阶段最小二乘回归，实证考察了人民币实际汇率变动对工资份额和利润份额的影响效果。研究发现，人民币贬值提高了利润份额、降低了工资份额，从而恶化了收入分配不公，而人民币升值则有利于改善收入分配不平等。进一步地，汇率变动对收入分配的作用效果会受企业价格加成比例和资本产出比的影响——价格加成比例的提高会削弱汇率变动的收入分配效果，而资本产出比增加会提升汇率变动的收入分配效果。

(2) 基于中国健康与营养调查的微观数据（CHNS），采用面板分位数回归方法实证考察人民币实际汇率变动的个人收入分配效果及其在不同收入阶层中的差异。进一步地，作为稳健性检验，本书借助伪面板回归技术来处理CHNS调研数据的样本轮换和样本非随机流失问题，以求从更长的时间跨度揭示人民币汇率变动对收入分配作用效果的全景。基于不同回归方法的实证检验结果具有稳健性，研究发现，人民币实际汇率贬值扩大了收入不平等，而升值则缩小了个人收入差距，且汇率变动对个人收入分配的作用效果随着收入阶层的提升而减弱。该结论意味着，汇率政策在调节居民收入不平等，尤其是低收入阶层的收入不平等方面可以发挥重要的作用。

(3) 鉴于人民币汇率变动具有显著的收入分配效果，本书将收入分配机制引入到汇率变动宏观经济绩效的评估中，基于经济增长和收入分配决定的 Neo - Kaleckian 模型，从理论和实证两个角度考察人民币汇率变动对固定资产投资和居民消费的影响效果及收入分配机制的中间传导作用。中介效果检验表明，收入分配机制是人民币汇率变动影响固定资产投资和居民消费的重要中介传导渠道。

(4) 人民币汇率制度改革和汇率变动引发的利益再分配效应会促使国内各利益主体基于其汇率政策偏好对汇率决策施加积极影响，从而在人民币汇率制度改革和双向波动趋势下的人民币汇率决定中发挥着愈加重要的作用。着眼于汇率决定的政治经济学视角，本书运用共同代理模型分析了各利益主体的汇率偏好对汇率决策的影响，进而基于行业面板数据实证检验了国有企业和外资企业势力变化对行业层面人民币实际有效汇率的影响因素及影响效果。研究表明，国有企业势力增强有助于人民币实际汇率升值，而外资企业势力增强导致人民币贬值；贸易开放度和资产负债率上升显著强化了利益主体的汇率偏好，而生产率提升弱化了汇率偏好。

CONTENTS 目录

上篇

人民币汇率变动的收入分配效果

第一章

人民币汇率变动的功能性收入分配效果研究

第一节 文献综述

从汇率角度考察收入分配问题的研究主要遵循两条主线：一类关注汇率变动对要素价格形成和国民收入中各要素收入相对份额的影响，也称“汇率变动的功能性收入分配”；另一类则考察汇率变动对家庭、个人等微观层面居民收入分配的影响，也称“汇率变动的规模或个人收入分配”。

早期研究集中于汇率变动的功能性收入分配，亚历山大（Alexander，1952）、阿里让德罗（Alejandro，1965）、库柏（Cooper，1971）、奈特（Knight，1976）、托梅（Twomey，1983）等着眼于传统的国际贸易理论考察了小型开放经济体汇率变动的收入分配效果，研究发现汇率贬值降低了实际工资，提高了资本的收入，恶化了功能性收入分配，而货币升值则有利于改善收入分配。但罗德里克（Rodrik，2002）、法兰克和泰勒（Frenkel and Taylor，2007）、梅彻蒂和特佩诺（Michetti and Tropeano，2008）等基于不变价格假设下的宏观开放一般均衡模型，得出了相反的结论，即汇率升值降低了产出和就业，恶化了劳动力和资本的收入分配，而货币贬值有利于收入分配的改善。

2005 年的人民币汇率制度改革（下文简称汇改）和此后的汇率浮动催生了大批关于汇改宏观经济绩效的研究，尤其在汇改对进出口贸易、产出、通胀等经济总量影响效果的研究方面取得了丰硕成果。但是其中直接关注汇率变动对于收入分配影响效果的研究比较少，刘庆玉（2006）、杨丽花（2007）等采用整体分析与结构分析相结合的方法，从进出口贸易、国际资本流动等角度梳理了人民币汇率变动对收入分配效应的作用机制和条件，认为人民币升值对我国收入分配有负面影响。邵建春（2012）的结论则正好相反，他认为对外开放是我国收入分配不平等的格兰杰原因，人民币贬值会拉大我国收入分配不平衡。

与该问题相关的间接研究相对丰富，主要集中于人民币汇率变化对就业及工资收入的影响。万解秋和徐涛（2004）、范言慧和宋旺（2005）、卿石松（2009）、王孝成（2010）、毛日升等（2011）的研究，大多印证了人民币汇率升值对就业增长有显著的抑制效果。张斌和何帆（2006）研究认为，人民币升值会导致贸易部门的就业减少，但会提高非贸易部门的就业水平，从而汇率变化会导致产业间收入的再分配。丁剑平和鄂永健（2005）、明娟（2011）的研究没有发现人民币实际汇率对实际工资的显著影响，但毛、惠利（Mao and Whalley，2011）、李颖和韩仁月（2012）研究认为，人民币升值对工资增长有显著的抑制效果。

总体来看，人民币汇率制度改革的宏观经济绩效评估模型大多借鉴自金融市场完善的发达国家模型，重点关注汇改对通胀、经济增长等经济总量的影响，而忽略了政策的收入分配效应。在完善的金融市场假设下，面对特定收入冲击风险的居民可以通过金融体系对风险进行完全防范，忽略政策的收入分配效果无关紧要；但对于中国这种金融发展相对滞后的转轨经济体，金融管制、金融体系的二元化特征等因素制约了居民对收入冲击的风险防范能力，放大了宏观经济政策的收入分配效应，忽略收入分配效果的考察势必影响汇改绩效评估的完整性。本书的研究将基于厂商价格加成模型，利用工业行业的年度数据和面板模型联立方程估计，实证考察人民币汇率变动对利润和工资收入分配的影响效果，补充丰富人民币汇率变动的收入分配研究。

第二节 人民币汇率变动和要素收入分配变迁关系的经验研究

从现实来看，1994 年人民币汇率并轨后的大幅贬值和其后的长期固定有力推动了我国出口导向型经济的高速增长，与之相伴随的，国内收入分配问题也日渐凸显——劳动者报酬和居民收入占国内生产总值（GDP）的比重持续下降，城乡、地区、行业和社会成员间收入差距持续扩大。时隔10多年的2005年人民币汇率形成机制改革旨在通过汇率的弹性浮动促进资源优化配置、推动中国经济增长模式由投资和出口驱动转向内需拉动，从居民收入结构看，近年来，贫富差距虽未有显著改善，但确实没有继续恶化。图1－1绘出了1998～2010年我国工业企业的工资收入份额、利润收入份额与人民币兑美元实际汇率的变化趋势。

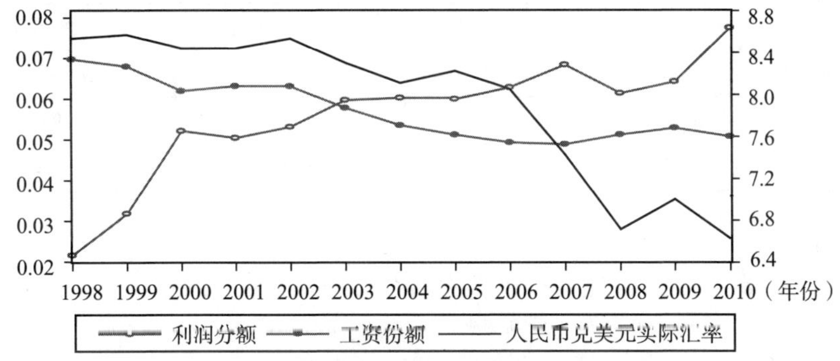

图1－1　1998～2010年中国工资份额、利润份额与人民币兑美元实际汇率的变动趋势

注：图中横轴表示年份，左坐标轴表示工资和利润占收入的份额，右坐标轴表示人民币兑美元实际汇率。

资料来源：工资收入份额、利润收入份额根据中经网统计数据库中规模以上工业企业主要经济指标测算而得，人民币兑美元实际汇率则根据名义汇率及中美两国通胀率计算而得。

图1－1显示，亚洲金融危机后直至2002年，虽然人民币兑美元名义汇率严格地固定在8.27的水平上，但由于受危机影响中国经济增长放缓、通货紧缩，中美两国通货膨胀率的差异使得人民币兑美元实际汇率大体保持小幅贬值趋势，年均贬值率不超过2%。2003年后，人民币兑美元实际汇率开始小幅升值，但升值幅度有限，直至2007年后，人民币兑美元名义汇率的较快升值也拉动了实际汇率的快速升值，2007年人民币兑美元实际汇率年升值率达7.1%，2008年更高达12.3%，其后由于全球金融危机影响，人民币名义汇率重返钉住美元，人民币实际汇率略有贬值。

总体来看，工资份额和利润份额之间大体呈此消彼长的关系，两者与汇率变动的关系视研究阶段而定。东南亚金融危机后至2007年，工资份额大体呈下跌态势，从6.8%降到4.8%，人民币实际汇率和工资份额的变化方向大体一致，即人民币实际汇率升值伴随着工资份额的小幅下降；

此后二者相关性有所下降，人民币实际汇率大幅升值，但工资份额相对稳定在5%的水平上。利润份额和人民币实际汇率的走势大体呈反向变动的关系，即人民币实际汇率升值伴随着利润份额的提高。对三者在不同阶段的关系做简单的相关系数分析，得出与图1－1相似的分析结论，表1－1汇总了三者的相关系数分析结果。

表1－1　工资份额、利润份额与人民币兑美元实际汇率在不同阶段的相关系数

相关系数	1998～2003年	2004～2010年	1998～2010年
工资份额与利润份额	－0.9595	－0.3344	－0.8931
工资份额与实际汇率	0.8691	0.0067	0.6987
利润份额与实际汇率	－0.7144	－0.6139	－0.6824

第三节　汇率变动功能性收入分配效果的理论分析

基于经济增长和收入分配决定的新卡拉克模型（Neo－Kaleckian model），马卡（Marca，2010）、奥瑞欧和阿罗（Oreiro and Araujo，2013）分析了汇率变动对收入分配和经济增长的影响。本书借鉴上述模型，分析汇率变动的收入分配效果及其可能的作用渠道。本书假设总产出Y的生产需要投入K单位的固定资本、L单位的劳动和aY单位的进口中间品，假设进口中间品为总产出的一定比例，更符合中国以加工贸易为主的贸易模式，另外假设技术和生产函数中的参数固定不变。相应地，生产一单位商品，企业需要投入劳动力（l，l＝L/Y）和进口中间品（a），假设不完全市场结构下，企业在可变生产成本的基础上按照一定的加成比例对商品进行定价。

$$p=(1+m)[Wl+Ep^{*}a] \tag{1-1}$$

其中，p是国内商品价格，m是价格加成比率，W是名义工资，E是直接标价法下的名义汇率，p^*是外币标价的进口中间品价格，a是单位产出所需的进口中间品数量，l是单位产出投入的劳动力数量。

上述公式隐含表明，进口中间品价格满足一价定律的要求，即汇率变动对进口品的本币价格是一对一的传导，但对国内最终商品价格的传导效果是不完全的。式（1－1）两边同时除以p，可得：

$$1=(1+m)\left[\frac{Wl}{p}+\frac{Ep^{*}}{p}a\right] \tag{1-2}$$

由式（1－2）可知，劳动收入份额 $\psi=\frac{Wl}{p}$，而企业利润占总收入的份额为：

$$\pi=m/(1+m)=m\times(\psi+ea) \tag{1-3}$$

其中，$e=\frac{Ep^*}{p}$是实际汇率。

明显地，由式（1－2）和式（1－3），可以看出，产值在利润、工资和中间要素投入之间进行分配，即：

$$\pi+\psi+ea=1 \tag{1-4}$$

（一）企业价格加成比率固定不变时，汇率变动的收入分配效果分析

由式（1－3）和式（1－4）可以看出，给定企业价格加成率 m 和生产技术不变，利润份额 $\pi=\frac{m}{1+m}$保持不变，而工资收入份额 ψ 和实际汇率负相关，且$\frac{d\psi}{de}=-a$，即本币实际汇率贬值伴随着工资收入份额的下降。

（二）企业价格加成比率随汇率变动时，汇率变动的收入分配效果分析

现实中，汇率变动一方面影响企业的生产成本，另一方面通过改变国内外商品的相对价格影响企业产出和利润，因此面对汇率变动冲击的企业会调整价格加成以保持其市场竞争力。

$$m=m_0+m_1e \tag{1-5}$$

e 上升，本币实际汇率贬值，一方面提高了企业进口中间品的本币成本，但另一方面也有助于降低企业产品的国外售价，从而增加企业的产出和利润。一般情况下，前者效果小于后者，$m_1>0$，汇率变动和加成比率正相关，本币贬值提高了企业的竞争力和加成率；反之，当前者效果大于后者时，$m_1<0$，汇率变动和加成比率负相关，本币贬值降低了企业的竞争力和价格加成率。

将式（1－5）代入式（1－3），并对汇率 e 求导，可得汇率变动对利润份额的影响，即：

$$\frac{d\pi}{de}=\frac{d\left(\frac{m_0+m_1e}{1+m_0+m_1e}\right)}{de}=\frac{m_1}{(1+m_0+m_1c)^2} \tag{1-6}$$

由式（1－4）和式（1－5），很容易推出汇率变动对工资收入份额的影响，即：

$$\frac{d\psi}{de} = -a - \frac{m_1}{(1+m_0+m_1 e)^2} \tag{1-7}$$

由式（1－6）和式（1－7）可以看出，汇率变动对利润和工资收入份额的影响主要取决于企业的加成决策。如果 $m_1>0$，本币实际汇率贬值会提高利润份额，降低工资收入的份额，且工资收入份额的下降大于价格加成比率固定的情形。但如果企业生产对进口中间品依赖较高（a 较大），出口品的汇率弹性较小，很可能 $m_1<0$，此时本币贬值会降低利润的份额，收入份额的变化取决于进口要素比例 a 与 $\left|\frac{m_1}{(1+m_0+m_1 e)^2}\right|$ 的相对大小。

（三）中间品进口比率（a）随汇率变动时，汇率变动的收入分配效果分析

汇率变动也可能影响中间进口品占比，本币贬值一方面提高了进口中间品的本币价格而抑制进口，另一方面也通过刺激出口和总产出而提高了中间品的进口需求。放松中间进口品比率（a）固定不变的假设，汇率变动对利润份额的影响依然如式（1－6）所示，但对工资份额的影响修正为式（1－8）：

$$\frac{d\psi}{de} = -a - e\frac{da}{de} - \frac{m_1}{(1+m_0+m_1 e)^2} \tag{1-8}$$

（四）产出资本比$\left(\frac{Y}{K}\right)$随汇率变动时，汇率变动的收入分配效果分析

上述模型假设，产出资本比$\frac{Y}{K}$固定不变，不受汇率变化的影响。在此假设下，资本利润率为：

$$r = \frac{pY-(Wl+Ep^*a)Y}{pK} = \pi\frac{Y}{K} \tag{1-9}$$

$$\pi = r\times\frac{K}{Y} \tag{1-10}$$

放松产出资本比固定的假设，由式（1－9）可以看出，在资本利润率

保持稳定的情况下，汇率变动也可能通过影响资本产出比$\left(\frac{K}{Y}\right)$，而影响利润和工资份额。如果本币贬值提高了资本产出比，利润份额上升，工资份额下降；反之，如果本币贬值降低了资本产出比$\left(\frac{K}{Y}\right)$，利润份额下降，工资份额的变化取决于进口要素比例 a 与利润份额变化值的相对大小。

基于上述理论分析，本书得出待验证的理论假设，即，汇率是收入分配变化的重要影响因素，且汇率变动可能通过影响中间品投入中的进口占比、企业的价格加成比例以及资本产出比而间接作用于收入分配。现实中，人民币汇率变动对我国利润和工资份额的具体影响效果和影响因素将进一步通过计量实证分析予以验证。

第四节 人民币汇率变动收入分配效果的实证研究

一、模型设定和指标选取

（一）模型设定

基于上文的理论分析，本书建立面板联立方程模型估计汇率变动对工资和利润收入分配的影响。

$$\psi_{it} = f(\pi, e, X) = \alpha_0 + \alpha_i + \alpha_1\pi_{it} + \alpha_2\Delta e_t + \sum_{j=3}\alpha_j X_{jit} + \mu_{it} \quad (1-11)$$

$$\pi_{it} = g(\psi, e, Y) = \beta_0 + \beta_i + \beta_1\psi_{it} + \beta_2\Delta e + \sum_{j=3}\beta_j Y_{jit} + \varepsilon_{it} \quad (1-12)$$

其中，下标 i=1，2，…，39，代表 39 个工业行业，t 代表样本时期。与前文理论分析一致，ψ 代表工资份额，π 代表利润份额，Δe 代表实际汇率变动率，分别用人民币兑美元实际汇率和人民币实际有效汇率来测度。X 和 Y 分别是影响工资份额和利润份额的其他控制变量，基于理论分析和前人相关研究文献，X 主要包括中间品进口占总投入的比重（a）、资本产出比（k）和就业集中度（l）；[①] Y 主要考虑中间品进口占总投入的比重

① 陈凌、李宏彬等（2010）研究发现，职工工资受企业规模的影响，企业的劳动人数越多，企业规模越大，会提供给员工更多的工资。因此，本书将就业集中度指标纳入到工资份额的决定方程中。

(a)、资本产出比（k）、价格加成比例（m）、应纳税比率（tax）。

基于前面的理论分析，本书预期联立方程模型中 α_1 和 β_1 的系数为负，表示工资份额和利润份额之间此消彼长的关系；中间品进口占比的系数预期为负，即该比率越高，利润和工资的份额越小；资本产出比对利润份额的影响预期为正，对工资份额的影响为负；就业集中度对工资份额的影响为正，对利润份额的影响为负；价格加成比例和应纳税比率的系数预期为正，即价格加成比例和应纳税比率越高，利润份额越大。理论上，汇率变动率的估计系数存在不确定性，需待进一步的计量实证检验。

基于前文理论模型的分析，考虑到现实中汇率变动也可能通过影响价格加成比例、中间品进口比例和资本产出比来间接影响工资和利润的收入分配，因此，本书接下来在式（1－11）和式（1－12）模型方程的基础上，通过引入汇率变动率与相应虚拟变量的交叉项，实证考察人民币汇率变动对收入分配作用效果的影响因素。

首先，计算 39 个工业行业价格加成比例、中间品进口比例和资本产出比的均值，以指标的中值为界，大于中值的行业赋值为“1”，小于中值的行业赋值为“0”，从而建立三个虚拟变量 dum_h，$h=m$，a 和 k，将其与汇率变动率的交叉项引入模型式（1－11），得到

$$\psi_{it} = f(\pi, e, X) = \alpha_0 + \alpha_i + \alpha_1\pi_{it} + \alpha_2\Delta e_t + \alpha_3\Delta e \times dum_h + \sum_{j=4}\alpha_j X_{jit} + \mu_{it} \quad (1-13)$$

$$\pi_{it} = g(\psi, e, Y) = \beta_0 + \beta_i + \beta_1\psi + \beta_2\Delta e + \beta_3\Delta e \times dum_h + \sum_{j=4}\beta_j Y_{jit} + \varepsilon_{it} \quad (1-14)$$

（二）指标构建和数据来源

本书使用 2002～2010 年 39 个工业行业有关指标的年度数据，运用面板模型两阶段最小二乘估计方法，实证考察人民币实际汇率变动对工资份额（ψ）和利润份额（π）的影响效果。主要指标及其主要特征值汇总结果如表 1－2 所示，其中，中间品投入的进口占比根据《国家统计年鉴》中的投入产出表计算而得，人民币兑美元实际汇率和人民币实际有效汇率指标均来自国际货币基金组织（IMF）的《国际金融统计》，其余指标数据均来自中经网统计数据库。

表1-2　实证检验所用指标的计算方法说明及主要特征值

指标	计算方法	均值	最大值	最小值	中值	标准差
利润份额（π）	利润总额/总产值	0.0684	0.4731	-0.0443	0.0528	0.0621
工资份额（ψ）	人均工资与就业人数的乘积/总产值	0.0623	0.3191	0.0092	0.0525	0.0410
人民币兑美元实际汇率变动率（Δe_{US}）	用中美两国的物价指数对人民币兑美元名义汇率进行调整，然后求实际汇率变动率，系直接标价法	-0.0254	0.0310	-0.1227	-0.0168	0.0437
人民币实际有效汇率（Δe_{reer}）	按贸易份额对双边实际汇率加权得到的指数，系间接标价法	0.0059	0.1020	-0.0646	0.0034	0.0481
资本产出比（k）	固定资产/总产值	0.6455	4.3272	0.1154	0.4304	0.7209
中间品进口占比（a）*	$\sum_j \frac{\text{行业 i 从行业 j 采购的中间投入额}}{\text{行业 i 的中间投入总额}} \times \frac{\text{行业 j 的进口额}}{\text{行业 j 的产出}}$	0.1153	0.2952	0.0387	0.1163	0.0445
就业集中度（l）	行业就业数/总就业数	0.0255	0.0868	0.00001	0.0174	0.0214
价格加成比（m）	（销售收入-销售成本）/销售成本	0.2763	2.2671	0.0195	0.1834	0.3232
应纳税比率（tax）	增值税总额/销售收入	0.0378	0.1237	0.0101	0.0309	0.0206
dum_m	价格加成比例大于指标的中值，赋值为“1”；反之为“0”	0.4872	1	0	0	0.5005
dum_a	中间品进口占比大于指标的中值，赋值为“1”；反之为“0”	0.6410	1	0	1	0.4804
dum_k	资本产出比大于指标的中值，赋值为“1”；反之为“0”	0.5385	1	0	1	0.4992

注：*由于没有直接测度行业中间品投入中进口占比的指标，本书借鉴了费恩斯特拉和汉森（Feenstra and Hanson，1999）估计进口中间产品的方法，并利用投入产出表近似估计了行业中间品投入的进口占比。由于投入产出表编制的不连续性，对于缺失年份的数据进行按变化比率予以插补。

资料来源：《国家统计年鉴》、IMF的《国际金融统计》、中经网统计数据库。

二、人民币汇率变动对收入分配影响效果的实证检验

由联立方程模型识别的秩条件和阶条件可知，工资份额和利润份额方程都可识别，因此本书采用面板模型两阶段最小二乘法（2SLS）进行估计。鉴于本书面板数据“宽而短”的特征，针对数据可能存在的组间异方差和截面自相关性，分别运用相似比检验和 Pesaran 检验予以验证，检验结果显著拒绝了“不同个体的扰动项方差均相等”，接受了“截面个体之间相互独立”的原假设，证明存在组间异方差性，但不存在截面自相关性。

针对组间异方差检验结果，回归时采用截面数据加权的估计方法（cross-section weights）以消除截面数据带来的异方差性。考虑到面板模型在截面维度上的特定差异，在估计方程中加入了截面固定效应（fixed effects）以反映收入分配的行业特性。运用计量分析软件 Stata 对式（1－11）和式（1－12）的联立方程进行截面时间序列 FGLS 回归，主要结果汇总如表 1－3 所示。

表 1－3　人民币汇率变动对收入分配影响效果的实证检验结果

工资份额（ψ）的决定模型			利润份额（π）的决定模型		
解释变量	估计结果		解释变量	估计结果	
π	−0.07* (0.10)	−0.04 (0.14)	ψ	−0.55*** (0.01)	−0.54*** (0.00)
Δe_{US}	−0.01** (0.05)		Δe_{US}	0.06*** (0.00)	
Δe_{reer}		0.02*** (0.00)	Δe_{reer}		−0.08*** (0.00)
a	−0.06*** (0.00)	−0.06*** (0.00)	a	−0.24*** (0.00)	−0.27*** (0.00)
k	0.05*** (0.00)	0.05*** (0.00)	k	−0.05*** (0.00)	−0.06*** (0.00)
l	0.30*** (0.00)	0.24*** (0.00)	m	0.18*** (0.00)	0.15*** (0.00)
			tax	1.30*** (0.00)	1.59*** (0.00)

续表

工资份额（ψ）的决定模型			利润份额（π）的决定模型		
解释变量	估计结果		解释变量	估计结果	
观测值个数	317	317	观测值个数	278	278
调整后的拟合优度	0.9872	0.9902	调整后的拟合优度	0.9386	0.9504
D. W 统计量	1.2747	1.3365	D. W 统计量	1.7651	1.9198

注：括号中的数值为解释变量估计系数的 t 统计量的概率值。*** 、** 和 * 分别代表估计系数在 1% 、5% 和 10% 的显著性水平下不为零。

由表 1 – 3 的回归结果可以看出，无论采用人民币兑美元实际汇率还是贸易加权的人民币实际有效汇率来度量人民币汇率，模型回归结果是一致的。具体来看，人民币实际汇率变化对工资和利润的收入分配有统计显著的影响，而且人民币贬值会降低工资份额、提高利润份额，从而恶化了劳动和资本的收入分配状况，而人民币升值则有利于改善收入分配不平等；就绝对值来看，汇率变动对利润份额的影响大于对工资份额的影响，人民币贬值 1% ，将利润份额提升约 0.06% ~0.08% ，而工资份额下降约 0.01% ~0.02% ，这在一定程度上反映了工资调整的黏性和劳动力要素的低流动性。

其余解释变量的估计系数大多与预期相符，工资份额和利润份额存在此消彼长的关系；中间品进口占比提高会导致工资份额和利润份额均下降，这与前面理论分析的结果一致，而且进口占比对利润份额的影响大于对工资份额的影响，同样反映了工资份额变化的黏性；就业集中度提高 1% ，会使工资份额提升大约 0.24% ~0.3% ，价格加成比例和应纳税比率会显著提高利润份额。但资本产出比的估计系数与理论预期相反，即资本产出比提高了工资份额、降低了利润份额。下文将统一对结论做出解释。

三、人民币汇率变动对收入分配作用效果的影响因素检验

对式（1 – 13）和式（1 – 14）进行面板联立方程的 2SLS 估计，并将主要回归结果汇总如表 1 – 4 所示。

表1－4　人民币汇率变动对收入分配作用效果的影响因素检验结果

工资份额（ψ）的决定模型				利润份额（π）的决定模型			
解释变量	估计结果			解释变量	估计结果		
π	－0.05** (0.05)	－0.06* (0.06)	－0.05* (0.06)	ψ	－0.66*** (0.00)	－0.55*** (0.00)	－0.60*** (0.00)
Δe_{US}	－0.02** (0.01)	－0.02** (0.02)	－0.01 (0.13)	Δe_{US}	0.09*** (0.00)	0.06*** (0.00)	0.04*** (0.00)
$\Delta e_{US} \times dum_m$	0.01* (0.10)			$\Delta e_{US} \times dum_m$	－0.07*** (0.00)		
$\Delta e_{US} \times dum_a$		0.01 (0.19)		$\Delta e_{US} \times dum_a$		－0.01 (0.60)	
$\Delta e_{US} \times dum_k$			－0.002 (0.82)	$\Delta e_{US} \times dum_k$			0.04* (0.09)
a	－0.05*** (0.00)	－0.05*** (0.00)	－0.05*** (0.00)	a	－0.24*** (0.00)	－0.24*** (0.00)	－0.24*** (0.00)
k	0.05*** (0.00)	0.05*** (0.00)	0.05*** (0.00)	k	－0.04*** (0.00)	－0.05*** (0.00)	－0.05*** (0.00)
l	0.29*** (0.00)	0.30*** (0.00)	0.28*** (0.00)	m	0.17*** (0.00)	0.18*** (0.00)	0.18*** (0.00)
				tax	1.49*** (0.00)	1.32*** (0.00)	1.34*** (0.00)
观测值个数	317	317	317	观测值个数	278	278	278
调整后的拟合优度	0.9893	0.9883	0.9885	调整后的拟合优度	0.9425	0.9387	0.9389
D.W统计量	1.2944	1.2869	1.2888	D.W统计量	1.8303	1.7634	1.7703

注：括号中的数值为解释变量估计系数的t统计量的概率值。***、**和*分别代表估计系数在1%、5%和10%的显著性水平下不为零。

对照表1－4和表1－3的回归结果，可以看出，加入汇率交叉项后，模型系数的总体回归结果并无显著差异，从一定程度上反映了回归结果的稳健性。从汇率交叉项的回归系数来看，价格加成比例是影响汇率变动对收入分配影响效果的重要因素——相比于价格加成比高的企业，在价格加成比低的企业，人民币汇率变化对收入分配的影响效果更大；在10%的显著性水平下，资本产出比增加会加强汇率变动对利润份额的作用效果，但不会显著改变汇率变动对工资份额的作用效果；中间进口品比例对汇率变动的收入分配效果缺乏显著性影响。

四、结论比较与解释

本书基于厂商价格加成模型对汇率变动的收入分配效果进行了理论分析，在此基础上，利用我国39个工业行业2002~2010年的年度面板数据和联立方程2SLS估计，实证考察了人民币实际汇率变动对利润和工资收入分配的影响效果。汇总实证分析结果，主要得出以下几个结论：

第一，人民币实际汇率变化对工资和利润的收入分配有统计显著的影响，人民币贬值会降低工资份额、提高利润份额，恶化劳动和资本的收入分配不平等；而人民币升值则有助于提高工资份额、抑制利润份额，从而改善社会的收入分配不平等。该结论与阿里让德罗（Alejandro，1965）、库柏（Cooper，1971）、奈特（Knight，1976）、克鲁格曼和泰勒（Krugman and Taylor，1978）、托梅（Twomey，1983）以及国内学者邵建春（2012）等人的研究结论相同，与中国过去十多年的经济运行现实也是相符的。

现实中，人民币汇率变动和收入分配变化均具有一定程度的内生性。20世纪90年代初出口导向型经济增长战略的确立促成了1994年的汇率制度改革，汇率并轨后人民币汇率的一次性大幅贬值有力地推动了出口和经济的快速增长，利润份额有了显著提升。但我国劳动力供给的充裕和劳动要素流动性低的特征加剧了工资的黏性，不仅阻碍了工资对劳动力市场供求变化及时作出反应，而且降低了劳动生产率和物价对工资变化的敏感性，导致劳动份额的下降。杨（Young，2004）以及国内学者常进雄等（2011）的研究同样验证了劳动份额变化的逆周期性和资本份额变化的顺周期性。

第二，汇率变动对收入分配的作用效果受企业价格加成比例和资本产出比的影响。具体来说，人民币汇率变动的收入分配效果在价格加成比低的企业更大，而价格加成比高的企业，汇率变动的收入分配效果相对较弱；此外，资本产出比增加会提升汇率变动对利润份额的作用效果，但不会显著改变汇率变动对工资份额的作用效果。

基于对近年来中国经济运行特征的研判，该结论还是可以得到合理解释的。在所研究的样本期间 2002～2010 年，人民币汇率主要呈单边升值的态势，汇率升值的负面冲击会给贸易依存度较高的工业企业带来较大冲击，但价格加成比例高的企业抗冲击能力强于价格加成比例低的企业，从而降低了汇率变动对收入分配的影响效果。

根据相关研究，汇率变化会通过资本劳动的要素替代效应和企业的资产负债表效应影响投资：一是本币升值降低了企业融资成本、促使企业使用相对便宜的资本替代劳动力；二是本币升值降低了企业的外债负担、改善了融资条件，从而刺激投资。张德进（2014）研究结果验证了人民币升值对企业资本劳动比例的显著提升效果。由于资本产出比上升压低了利润份额，因此，人民币升值会通过影响资本产出比而加强对利润份额的抑制效果，从而资本产出比越高的行业，人民币汇率变动的收入分配效果越显著。

另外，研究发现中间进口品比例对汇率变动的收入分配效果缺乏显著性影响，该结论可由中国加工贸易为主的贸易结构得到解释。中国作为世界工厂，来料加工、来件装配等形式的加工贸易占总贸易的比重较高，进口中间品主要是在国内经过加工、组装和生产后再出口，从而抵消了汇率变动对收入分配的影响效果。

第三，除汇率外，企业中间品进口占比和资本产出比也会对收入分配产生显著影响，且均有助于改善工资和利润收入分配的不平等。具体来说，中间品进口占总投入的比重提高会同时压低工资和利润份额，但对利润份额的影响大于对工资份额的影响，这与前文的理论分析一致，而孙文杰（2012）研究同样验证了进口中间投入的上升会降低劳动收入份额。

与方文全（2011）的研究结论一致，本书实证研究显示，资本产出比对劳动收入份额有显著但不大的正面影响，而对利润份额则有显著的负面影响。但估计系数的符号与理论预期相反，由前文的分析可知，在资本利润率保持稳定的前提下，利润份额和资本产出比是正相关关系。实证结果与理论预期的背离，反映了现实中资本产出比变化会通过影响资本利润率间接作用于收入分配——资本产出比提升会降低资本利润率，从而对利润份额产生负面的影响。结合中国的投资驱动型经济增长模式进行分析，国内投资的快速增长和资本产出比的上升，造成大量低效、无效投资，降低了资本的边际产出和利润率；但在劳动力供给相对充裕的背景下，资本产出比的上升有助于提高劳动的边际产出和工资份额。

总体来看，本书的实证结果基本印证了理论分析的结论，与现实中的经济运行表现也大体相符。但是，由于受数据可得性的限制，本书实证分析的时间跨度相对较短，且这期间人民币汇率主要呈单边升值态势，从一定程度上影响了研究结论的稳健性。随着人民币双向波动特征的逐渐显现，未来的研究可从两方面予以改善：一是扩展数据期限，考虑汇率变动对收入分配的动态影响效果、考察比较人民币汇率升贬值对收入分配影响的非对称性；二是基于微观企业的调研统计数据，全面考察和比较所有制性质及贸易方式对汇率变动收入分配效果的影响差异。

第二章

人民币汇率变动的个人收入分配效果研究

2005 年人民币汇率形成机制改革拉开了汇率弹性浮动的序幕，同时也推动了有关人民币汇改绩效研究的繁荣。现有文献主要侧重于汇率变动对进出口、产出、通货膨胀等宏观经济总量的影响，而忽略了汇率变动对收入分配等经济结构问题的作用效果研究。现实中，人民币汇率变动通过引导要素资源的流动和配置，对国内居民收入分配发挥着重要的影响。尤其是，中国作为转轨经济体，目前仍存在较严格的金融管制，金融市场不完善，二元化特征明显，这使得面对特定冲击风险的居民无法通过金融体系对风险进行完全对冲和防范，由此进一步放大了人民币汇率变动的收入分配效果。

图 2 -1 绘出了 1999 ~2015 年人民币兑美元实际汇率与收入分配各度量指标的变化趋势。2005 年人民币弹性汇率制度改革前，人民币名义汇率始终稳定在 8.27 水平上，而实际汇率则因中美通胀率差异而呈小幅升值态势，与此同时，劳动收入份额不断下降，二者相关系数高达 0.82，衡量居民收入分配差距的基尼系数则与实际汇率呈反向变化关系，二者相关系数为 -0.63。2005 年汇改后，人民币名义汇率和实际汇率均保持了较快的升值态势，劳动收入份额由 2007 年 39.74% 的历史低位逐步回升到 2015 年的 47.89%，实际汇率与劳动收入份额由汇改前的同步变化转为汇改后的反向变化，二者相关系数为 -0.81；而实际汇率与基尼系数的关系则由负转正，伴随着人民币升值，基尼系数缓慢下降，二者相关系数为 0.71。

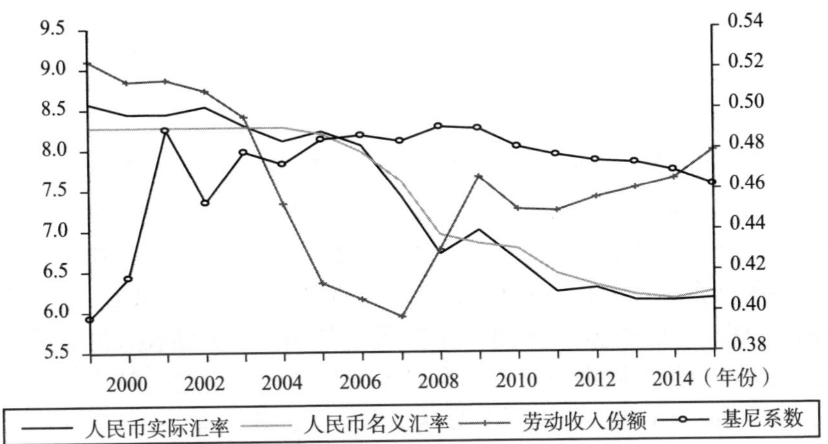

图 2-1　人民币汇率走势与收入分配变迁

注：图中横轴表示年份，右坐标轴表示收入分配，左坐标轴表示人民币兑美元的名义汇率和实际汇率。收入分配的度量指标分别为劳动者报酬占 GDP 的比重和基尼系数，人民币兑美元实际汇率则根据名义汇率及中美两国通胀率计算而得。

资料来源：中经网统计数据库、中国国家统计局网站。

随着中国对外开放的深化和国内要素价格市场化改革的推进，汇率作为重要的价格调控杠杆，其变动对要素资源配置的作用将得到更大程度的发挥，学者和政策制定者应对人民币汇率变动的收入分配效果予以重视和关注。人民币汇率变动的收入分配效果研究，有助于全面评估汇率制度改革的经济绩效，同时也利于更好地发挥汇率的调控杠杆作用，通过汇率政策、财税政策、货币政策等不同政策工具的搭配，缓解和改善我国收入不平等问题，促进经济的可持续发展与和谐社会的构建。

本书旨在利用中国健康与营养调查（China Health and Nutrition Survey，CHNS）所提供的有关居民个体收入及特征等数据，研究人民币汇率变动对个人收入分配的异质性效果。接下来的内容结构安排如下：第一节是相关研究综述，回顾总结国内外有关汇率变动收入分配效果的研究，针对现有研究的不足提出本书主要研究内容和创新点；第二节结合国内经济现实，从理论角度梳理人民币汇率变动对个人收入分配的作用机制和影响因素，提出待检验的理论假设，为下文的实证分析提供理论基础；第三节介绍实证检验所用的数据指标和计量回归结果，汇总本书主要研究结论，并结合国情给予合理化解释。

第一节　相关研究综述

20世纪70年代初布雷顿森林体系的崩溃使得浮动汇率制度取代了此前的固定汇率制度，并引发了主要工业化国家货币汇率的剧烈波动。与此相伴随，欧美等发达经济体贫富分化逐渐加大、收入分配呈现向高收入阶层集中的趋势。米歇尔（Michell，2014）研究指出，从20世纪70年代中后期至2008年全球金融危机爆发，主要发达国家的劳动收入份额呈显著下降趋势，虽然发展中国家普遍存在着数据统计的问题，但现有证据显示，其劳动收入份额下降趋势与发达国家同样显著。

主要国际货币汇率浮动和与此相伴的收入分配显著恶化，推动了汇率变动收入分配效果研究的兴盛。该研究主要围绕两条线索展开：一条研究主线着眼于发达国家劳动收入份额显著下降的事实，考察汇率变动对劳动和资本要素收入分配的影响效果，即汇率变动的功能性收入分配效果（functional distribution）。另一条研究主线则侧重考察汇率变动对居民个体收入不平等的影响，即汇率变动的个人收入分配效果（size distribution）。布兰森和洛夫（Branson and Love，1987）、施特者斯（Strauss，1997）、布罗斯和弗瑞登（Broz and Frieden，2001）、米恩（Min，2002）、玛勒（Marla，2005）等学者研究认为，汇率变动的收入分配效果主要表现在不同部门群体的收入差异上，而非要素之间的回报差异。类似地，戈德堡和特雷西（Goldberg and Tracy，2003）、罗伯森（Robertson，2003）、米什拉和斯皮林贝尔戈（Mishra and Spilimbergo，2009）等研究认为，汇率变动的收入分配效果与工人所处行业和地区有关，但因其研究对象和研究视角的不同而得出了不同的结论。罗伯森认为，对外开放度越高的行业和地区，货币升值带来的工资上涨幅度越小，而戈德堡、米什拉等研究认为，对外开放度高的行业和地区，工资对汇率变动反应的敏感度更高。此外，戈德堡和特雷西研究发现，汇率变动对工资收入的影响效果还与个人异质性特征（如，受教育程度、性别、职业、技能等）有关，美元升值使教育程度低的工人工资受损，而教育程度高的工人则从中受益，1980～1995年美国劳动力市场技术溢价的一半以上可以归因于美元汇率的变化。

汇率变动的收入分配效果研究没有取得一致结论，其差异主要归因于研究假设、模型设定及实证方法等的不同，这反映了现实中汇率变化对收入分配传导机制的多样化、传导路径的复杂性和影响因素的多元性。例如，汇率升值通过降低物价提高了工人实际工资，但不利于就业和名义工资的上涨；同样地，汇率升值有助于降低企业外债负担和进口成本，但也会影响其出口份额和销售收入。亚当斯（Adams，2000）、世界银行（2001）、康韦（Conway，2005）等认为，汇率变动可以通过多种渠道对收入分配产生显著影响，宏观政策决策者应着眼于汇率变动的收入分配效果及其具体传导机制，研究宏观经济政策的制定及福利效果分析。汇总相关研究，汇率变动对收入分配的作用机制主要有：

（1）就业机制。汇率变化改变了贸易品的国内外相对价格，从而影响一国的进出口和外商直接投资，并通过要素禀赋和要素流动影响不同企业、行业和地区间的工资收入分配差异（Sachs and Shatz，1994；Wood，1995；Beyer，Rojas and Vegara，1999；Leamer，2000；Spilimbergo，2002，2010）。汇率变动的个人收入分配效应研究主要着眼于劳动力市场角度考察汇率变动的就业和工资效应。

佛里德曼和蒙代尔（Fricdman and Mundell，1961）最早考察了汇率制度选择对工资收入的影响，认为固定汇率制相比于浮动汇率制更有利于工资上涨。林德贝克（Lindbeck，1979）基于斯堪的纳维亚型小型开放经济体工资决定模型进行的研究得到了相似的结论。而霍夫曼（Hoffmann，2004），施纳布和冉格勒（Schnabl and Ziegler，2011）基于国别数据进行的实证研究也为该观点提供了支持。布兰森和洛夫（Branson and Love，1988），瑞文格（Revenga，1992），古润查斯（Gourinchas，1998），罗德里克（Rodrik，2002），贝尔等人（Baer et al.，2002），法兰克和罗斯（Frenkel and Ros，2006），法兰克和泰勒（Frenkel and Taylor，2007）等实证研究了汇率变化对工资的影响效果，结果发现，货币升值会导致就业量的萎缩以及平均工资下降。现实中，汇率变动对工资的具体影响效果往往因企业、行业和地区的不同而异，伯格斯和奈特（Burgess and Knetter，1998），坎帕和戈德堡（Campa and Goldberg，2001）、戈德堡和特雷西（Goldberg and Tracy，2003），莱恩和于恩（Leung and Yuen，2007），米什拉和斯皮林伯格（Mishra and Spilimbergo，2009）等考察了对外开放度、产品需求弹性、劳动力成本占比、劳动力供给弹性等因素在汇率对总体及行业层面劳动力市场传导中的影响；罗伯森（Robertson，2003），努斯和波佐罗（Nucci and Pozzolo，2010）则考察了企业生产特征、竞争结构及劳动力特质对微观层面汇率—工资传导效果的影响。

（2）汇率传递机制。汇率变动会影响国内物价水平，从而影响居民的购买力水平和真实收入。汇率变动对价格的影响在国际经济学中被称为汇率传递，本币变动直接影响进口中间品和消费品价格，继而对国内一般物价产生影响。本币升值有助于降低国内一般物价水平，从而提高了工人的实际工资，将收入由资本转向了劳动力，降低了资本的收入份额；相反，本币贬值在短期间名义工资黏性的背景下会降低工人实际工资，提高资本的收入（Sachs，1989；Edwards，1989；Dornbusch and Edwards，1991；Kaufman and Stallings，1991；Huizinga，1997；Agenor and Montiel，1999；Frieden et al.，2001）。

汇率传递效果的实证检验发现，面对汇率变动，价格链上不同价格指标反映的敏感度存在显著差异，反应最敏感的是贸易品价格，其次是生产者价格，最后是消费者价格（Rogers and Jenkins，1995；Engel and Rogers，1996，2001；Obstfeld and Taylor，1997；McCarthy，1999；Parsley and Wei，2001a，2001b）。由于贸易品与非贸易品在不同收入群体的消费中占比不同，汇率传递效果的异质性会带来不同阶层的收入再分配（Huizinga，1997；Min，2002；Baker，2003，2005）。

（3）货币政策机制。新兴市场经济体大多实行非自由浮动的汇率制度，这意味着中国人民银行（以下简称央行）货币政策要受制于汇率目标，汇率制度的选择和汇率变化可以通过央行货币政策（影响利率、资产价格等）间接影响收入分配。

新凯恩斯学派强调货币政策的利率传导渠道，利率变化不但影响总需求，也影响收入再分配。梅彻蒂和特佩诺（Michetti and Tropeano，2008）研究认为，采用汇率目标制的开放型发展中国家，通过提高利率吸引资本流入以保持汇率高估，这降低了产出和工资，恶化了收入分配。此外，利率变化会改变资本与劳动的相对价格，从而影响资本密集型部门和劳动密集型部门的收入分配。普拉萨德（Prasad，2009）认为在有管理浮动汇率制度下，中央银行通常采用冲销式外汇干预，以保持汇率稳定和货币政策的独立性，为降低冲销干预成本所实施的利率和资本管制，有利于资本密集型部门，不利于劳动密集型部门和固定收益资产投资者，并通过影响金融体系的融资效率和经济体的风险分担能力间接影响收入分配。普拉萨德（2013）认为，有管理浮动汇率制度下的资本管制对不同规模的企业会产生不同影响，大企业一般更容易绕过管制而获得海外的融资，而中小企业则处于较不利的境地。同样，资本管制对于贫困家庭的负面影响甚于富有家庭，后者有更多的渠道规避资本管制，将资金在国内外调拨。

货币政策还会通过影响金融市场的资产价格带来收入再分配效应。格罗斯曼和韦斯（Grossman and Weiss，1983），罗腾伯格（Rotemberg，1984）基于有限参与的金融市场假设，研究了货币政策对金融资产价格的影响和由此产生的收入再分配效应。最近的研究则着眼于个体异质性假设下的收入再分配，拉格斯和莱特（Lagos and Wright，2005），威廉姆森（Williamson，2005，2008），采用准线性效用函数形式研究了有限参与金融市场中的货币政策效果。

布鲁纳迈尔和桑尼科夫（Brunnermeier and Sannikov，2012）认为，经济面对宏观和金融冲击时，流动性困难和通货紧缩的相互加强会导致内生性风险，并恶化收入分配，并建议采用扩张性货币政策以降低内生风险、平稳经济和刺激增长，这都有助于改善收入分配的不平衡。柯恩比（Coibion et al.，2012）的研究认为，货币政策对收入分配的净效果取决于不同传导渠道的相对作用大小，依赖于各经济体的特质及中央银行货币政策操作的具体类型，并认为美国紧缩货币政策扩大了劳动工资、收入和消费的不平衡。

（4）金融开放机制。金融开放背景下，货币升值降低了高度依赖进口品企业的生产成本，提高了其利润（Kessler，1998；Frieden et al.，2001；Broz and Frieden，2001；Helleiner，2005），同时也降低了企业以本币计价的外债负担（Shambaugh，2004；Woodruff，2005；Walter，2008）。但贸易壁垒的消除使得出口企业的竞争压力加大，货币升值带来的负面影响会提升（Gowa，1988；Frieden，1994）。金融开放背景下汇率变化对贸易部门的总体影响存在不确定性，因国家而异，金融开放后进口依赖度显著提升的墨西哥、加拿大、阿根廷、日本等国更倾向于实施本币高估政策（Henning，1994；Helleiner，2005；Bolten，2009；Steinberg，2010）。全球化背景下贸易竞争的加剧以及劳动力和外国资本在企业生产中替代程度的提升，提高了劳动需求弹性，本币升值对就业的负面影响会加大（Frenkel and Ros，2006；Frenkel and Taylor，2007），斯坦伯格（Steinberg，2010）比较分析了封闭经济和开放经济下汇率变动对劳动力和资本收入的影响差异，研究发现，封闭经济下汇率高估提高了实际工资，而对就业的负面影响较弱，从而有利于提高劳动力相对于资本的收入份额；而开放经济下汇率高估降低了企业的进口成本和外债负担，但损害了劳动力就业，从而将收入从劳动力转向资本。

伴随着2005年人民币汇率弹性制度的改革，国内学术界有关汇率改革收入分配效果的研究日渐增多。早期研究主要集中于汇率变动对不同部门就业和工资收入的影响，如张斌和何帆（2006）构建了一个贸易品—非贸易品的两部门模型探讨人民币汇率变动对经济资源配置的作用机制，理论研究发现，人民币名义有效汇率固定与稳定通胀的货币政策相搭配，会造成工资下降、利润率上升，从而恶化要素收入分配。（Whalley and Mao，2011）基于制造业企业数据的实证研究发现，人民币升值会降低制造业部门的工资增长率，且该效果因企业所有制性质而不同，私有企业工资对汇率变动的敏感度低于国有企业和外资企业。

当前直接验证人民币汇率变动收入分配效果的研究相对较少，詹妮和华（Jeanneney and Hua，2001）实证检验了人民币汇率对城乡收入差距的影响效果，研究认为，相比于自给自足的农村，城市生产更高比例的贸易品，从而人民币实际汇率贬值扩大了城乡收入差距，而东部沿海地区发达的农村产业经济有助于遏制人民币贬值对城乡收入不平等的恶化效果。李颖等（2014）基于工业行业数据检验了人民币汇率变动对劳动和资本要素收入分配的作用效果，研究发现，人民币贬值提高了利润份额、降低了工资份额，从而恶化了要素收入分配不平等，而升值则有利于改善收入不平等，进一步地，汇率变动对收入分配的作用效果会受企业价格加成比例和资本产出比的影响。

综上所述，当前国内有关人民币汇率变动的收入分配效果研究尚处于起步阶段，大多基于行业或企业数据，研究汇率变动对就业和工资收入的影响效果及其在不同行业、企业间的差异，来间接论证汇率变动的收入分配效果。本书旨在基于前人文献的研究基础，利用中国健康与营养调查（CHNS）所提供的有关居民个体收入及特征等数据，全面研究人民币汇率变动个人收入分配效果的异质性及其影响因素。相比于前人相关文献，本书的研究创新和意义主要有以下几个方面：一是现实中，地域、行业部门及居民个体特征等因素相互交织、相互作用，共同决定和影响着人民币汇率变动的收入分配效果，本书基于个体微观数据的实证研究，有助于全面评估人民币汇率变动对个人收入分配的异质性效果，更好地理解前人文献基于宏观加总数据分析得出的研究结论。二是鉴于基尼系数、泰尔指数等常用的收入差距度量指标无法反映不同收入阶层的收入分配状况及其动态变化，而国内实证研究大多也只考虑了平均收入差异，对不同收入分布下差异多样性的反映不足，因此本书借助面板分位数回归方法实证考察人民币汇率变动的收入分配效果及其在不同收入阶层中的差异，以补充现有研究的不足。三是作为稳健性检验，本书借助伪面板回归技术来处理CHNS调研数据的样本轮换和样本非随机流失问题，以求从更长的时间跨度探求人民币汇率变动收入分配效果的全景，提升研究结论的说服力和适用性。

第二节　人民币汇率变动与居民收入分配变迁的理论和事实分析

一、人民币汇率变动对个人收入分配效果的作用机理分析

汇率变动主要通过引导要素流动和配置而影响不同部门和地区间的居民收入分配。以本币升值为例，一方面，本币实际汇率升值降低了资本品、中间品和技术的进口成本，另一方面，升值提高了出口品的国际市场价格，降低了出口竞争力和企业利润。理论上看，后者抑制了劳动需求和工资增长，而前者有助于提升劳动效率和工人工资份额。汇率变动对个人收入分配的具体效果则取决于资本、技术、中间品与不同类型工人在生产中的交互作用机制，即不同生产要素之间的替代或互补程度。

（一）部门层面

传统贸易理论认为，本币升值有利于非贸易部门，不利于贸易部门，进一步地，进口依赖度高的部门（如航空业、石化工业等）因中间品和原材料进口成本的下降而从升值中受益，出口依赖部门（如纺织服装制造业、机电设备行业等）则因国际市场竞争力下降而从升值中受损。20世纪90年代，人民币汇率低估水平上的固定极大推动了加工制造业等贸易部门的劳动生产率增长，而非贸易部门则发展滞后，技术含量和效率低下。张斌和何帆（2006）的理论研究认为，人民币名义汇率在低估水平上的固定促进了制造业出口，但贸易部门生产率进步带来的本币升值压力不能完全被非贸易部门的价格上涨抵消，阻碍了资源向非贸易部门的流动。该观点得到了徐建国（2011）实证经验的支持，即人民币贬值促进了国内贸易部门的发展，抑制了非贸易部门的发展。同理，非贸易部门要比贸易

部门更易于从2005年人民币弹性汇率制度改革（以下简称汇改）后的人民币升值中获利，从而享有更快的工资收入增长。尹智超和甘犁（2009）研究发现，在1989~1997年人民币实际汇率贬值期间，政府公共管理部门的工资比非公共部门低2.9%，而在2000~2006年人民币实际汇率升值期间，公共部门的工资显著高于非公共部门，两部门工资差异达到13.5%，且差异呈扩大趋势。

从生产要素替代的角度看，在开放经济体系中，本币汇率升值降低了资本和技术的进口成本，促使企业使用相对便宜的资本和技术替代劳动力，尤其是低技能劳动力，这有利于国有企业聚集的资本密集型行业和技术密集型行业，如金融保险业、基础设施、计算机通信等，但不利于私营企业和外资企业聚集的劳动密集型行业，如轻工制造业、日常服务业等。顾国达等（2007）基于不完全竞争模型，在劳动力供给无穷的假设下，从理论上模拟分析了人民币汇率变动对不同要素密集度产业的影响，其研究表明人民币升值对劳动密集型产业出口和福利的负面影响大过于资本密集型产业。

结合CHNS数据关于居民个体所在部门的特征变量值，具体讨论人民币汇率变动对主要部门收入变化的影响。首先看国有企业，直到20世纪末，国有企业一直都是我国出口创汇的主体，占全国出口总额的一半以上，且在2003年以前一直保持持续的贸易顺差，此后，国有企业贸易由净出口转为净进口。因此，2005年人民币汇改前本币在低估水平上的长期固定有利于提升国有企业的出口竞争力，而汇改后的人民币升值则帮助国有企业降低了中间品和原材料的进口成本，促进了资本深化。接下来看外资企业，20世纪末外资企业的贸易余额由逆差转为顺差，且顺差规模持续扩大，2005年以来，外资企业对贸易顺差的贡献度达到50%以上，加之外资企业在华投资主要集中于劳动密集型制造业领域①，人民币升值从贸易竞争力和要素替代两方面均损害了外资企业的收入增长。私营企业大多处于劳动密集型的竞争性行业，如商贸服务业和轻工制造业，人民币升值对其收入变化的影响不确定，一方面，升值通过竞争力效应有利于非贸易部门集中的私营企业；另一方面升值通过生产要素替代效应对其收入增长产生抑制作用。最后，人民币升值通过竞争力效应有利于政府机构和公

① 制造业领域的外商直接投资占比在2004年达到71%的历史高位，此后逐步下降，截至2015年外资企业在该领域的投资比例已降至31%。2005年后房地产业的外商直接投资显著增长，大约占比20%以上，成为仅次于制造业的第二大外商投资行业。

共事业管理等非贸易部门的就业收入增长。基于上述分析，本书提出以下研究假设：

假设1：人民币汇率变动是影响部门间收入差距的重要因素，但影响方向不确定，取决于汇率变动的竞争力效应和生产要素替代效应孰大孰小。

（二）区域层面

传统的贸易理论建立在劳动力要素完全流动的基础上，但现实中的劳动力市场摩擦、金融市场缺陷以及制度环境等却可能阻碍劳动力要素流动，从而导致汇率变动的收入分配效果因地区而异。尤其我国幅员辽阔，城乡之间、区域之间的要素禀赋、产业结构、贸易开放度和经济发展水平等方面差异显著，人民币汇率变动的收入分配效果呈现显著的空间异质性。

回顾改革开放以来的几十年，人民币贬值和出口导向型的经济高速增长中，由于城市贸易品的生产比例高于自给自足的农村，城市地区受益程度明显高于农村。詹妮和华（2001）研究认为，改革开放后的人民币汇率贬值导致了“城市偏好”，扩大了城乡间的收入差距。但从生产要素替代性看，由于我国过剩劳动力主要集中于农业和农村部门，人民币升值背景下，城市工业和乡镇企业用资本替代劳动，加剧了农村和城市以及农业和非农产业之间的收入不平等。基于此，本书提出以下研究假设：

假设2：人民币汇率变动是影响城乡间收入差距的重要因素，但影响方向存在着不确定性，若汇率变动的竞争力效应大于生产要素替代效应，本币贬值会扩大城乡收入差距，反之，若汇率变动的竞争力效应小于生产要素的替代效应，贬值则有助于缩小城乡收入差距。

从地区差异看，我国东部沿海经济发达地区，包括长三角、珠三角和京津冀渤海三大经济圈，在物质资本与人力资本方面具有比较优势，是现代制造业基地和中国改革开放的桥头堡，对外经济依存度高，吸引了大部分的外商直接投资。中部地区地处内陆腹地，劳动力和自然资源丰富，是全国重要的商品粮基地、能源和原材料工业基地。西部地区地广人稀，城镇化率较低，国有经济的比例较高。相比于东部地区，中西部地区的对外开放度较低，出口规模小，且初级产品出口比重高。

20世纪90年代人民币汇率贬值有力地促进了东部地区的贸易扩张，提升了东部地区劳动力与人力资本要素回报，吸引了资本和劳动力的流入，而与东部地区相反，贸易依存度低的中西部地区则从本币贬值中受益有限甚至受损，呈资本和劳动净流出状态①。尤其是，高技能劳动力向东部地区集中的程度明显大于低技能劳动力，由此带来的地区集聚效应进一步扩大了区域间收入差距②。相应地，人民币升值给东部地区出口企业造成较大压力，通过促进产业向中西部地区的转移，有助于缩小区域间的产出差距，但是，升值对中西部地区收入增长的促进作用，可能受制于该地区相对较低的市场化程度和生产要素的低流动性。此外，从生产要素的替代性看，升值也可能推动东部地区的产业升级、提升高技能劳动力报酬，从而扩大区域间收入差距。潘敏和唐晋荣（2014）实证研究认为，人民币升值会缩小东中西部区域间的产出差距。由此，进一步提出本书第三个研究假设。

假设3：人民币汇率变动是影响地区间收入差距的重要因素，若汇率变动的竞争力效应大于生产要素的替代效应，贬值有利于出口制造业为主的东部地区，不利于贸易依存度较低的中西部地区发展，从而扩大了地区间收入差距，升值则倾向于缩小地区间收入不平等。

（三）个体特征因素

汇率变动所引起的不同要素资源之间的替代程度，依赖于劳动力个体特征，如，受教育程度、技能、年龄等。格里利兹（Griliches，1969）着眼于劳动要素的个体特征不同，提出了资本要素与不同类型劳动要素间替代弹性的异质性问题，并指出，物质资本与技能型劳动力的互补性要强于其与非技能型劳动力的互补性。基于该理论假说，伯纳德和詹森（Bernard and Jensen，1997）研究认为，如果技术工人与进口中间投入品是互补的关系，本币升值有利于技术工人；但如果出口行业是技术密集型的，本币升值可能不利于技术工人。

改革开放后人民币低估水平上的长期固定推动了出口制造业的快速增长，按照传统的H－O国际贸易模型，劳动密集型出口的增长应有助于缩小低技能工人与高技能工人的收入差距，但我国低技能劳动力的供给过剩抑制了其收入增长，从而扩大了高低技能工人的工资差距。除贸易渠道

① 王小鲁、樊纲：《中国地区差距的变动趋势和影响因素》，载《经济研究》2004年第1期，第33~44页。

② 赵伟、李芬：《异质性劳动力流动与区域收入差距：新经济地理学模型的扩展分析》，载《中国人口科学》2007年第1期，第27~35页。

外，汇率变动还通过技术进步影响个体工资差距，国内学者的实证研究大多表明，人民币升值降低了资本品和技术的进口成本，促进了企业技术进步和升级，而与技术互补性更强的高技能工人则受惠于劳动力需求的上升和收入更快的增长。佟家栋和许家云（2016）实证研究认为，人民币升值对技能劳动力工资的提升作用大于非技能劳动力，从而扩大了不同技能工人的收入差异。喻美辞（2008）实证研究认为，不考虑行业特征的情形下，贸易增长会扩大相对工资差距，技术进步的影响不显著；而考虑到行业特征的情形下，贸易和技术进步对相对工资差距的影响取决于行业要素密集度。基于上述分析，提出本书第四个研究假设：

假设4：人民币汇率变动会影响不同技能（技能水平因居民年龄、性别、受教育程度等个体因素而异）居民间的收入差距，但影响效果存在着不确定性。

由上述分析可知，现实中，地域、行业部门及个体特征等因素相互交织、相互作用，共同决定和影响着人民币汇率变动的收入分配效果，因此本书以下将通过计量回归模型对各相关因素的具体作用效果进行深入的实证分析。汇率变动对个人收入分配的作用渠道汇总如图2-2所示。

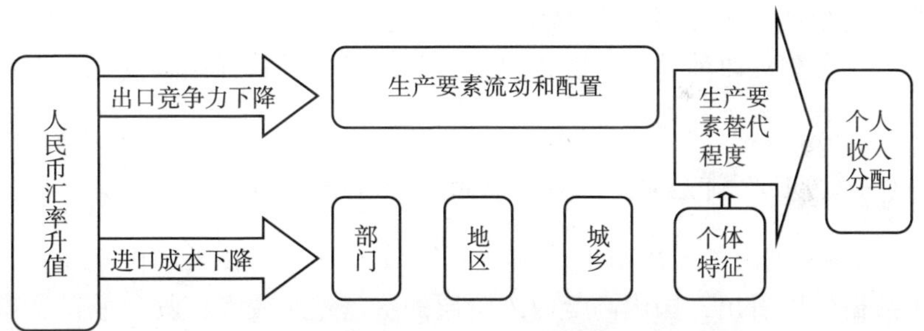

图2-2　汇率变动对个人收入分配的作用机制

二、人民币汇率变动收入分配效果的事实分析

接下来，本书利用中国健康与营养调查（CHNS）提供的有关微观个体收入数据，分析2005年人民币弹性汇率制度改革前后居民收入分配的变化及其影响因素。该调研根据地理位置、经济发展状况、公共资源基础差异等指标选取了9个（西部地区的广西、贵州；中部地区的黑龙江、河南、湖北、湖南；东部地区的江苏、辽宁和山东），具有较广泛的代表性，

数据年份包括 1989 年、1991 年、1993 年、1997 年、2000 年、2004 年、2006 年、2009 年和 2011 年共 9 年。

基于研究目的，本书选取人民币汇改前的 2000 年、2004 年和汇改后的 2006 年、2009 年数据进行分析。从 1997 年底直到 2005 年人民币汇改前，人民币兑美元名义汇率始终稳定在 8.27 的水平上，虽然中国官方宣称的人民币汇率制度是以市场供求为基础、单一、有管理的浮动汇率制度，但鉴于人民币汇率的事实表现，国际货币基金组织（IMF）将人民币汇率制度划归为传统钉住汇率制。2005 年 7 月 21 日，中国启动了新一轮汇率制度改革，实行以市场供求为基础、参考一篮子货币进行调节、有管理的浮动汇率制度，就此启动了人民币兑美元名义汇率持续单边小幅升值的变动历程。

国内学者大多使用基尼系数、泰尔指数等指标度量居民总体收入不平等，但这些指标主要基于静态横截面收入数据计算得出，仅能反映收入期间内的总体不平等程度，无法反映内部不同收入阶层的收入分配状况及其动态变化。尤其像我国这样幅员辽阔、地区差异显著的人口大国，仅仅依赖基尼系数、泰尔指数等指标无法全面反映居民收入不平等程度，容易忽略低收入阶层利益。鉴于此，本书基于 CHNS 数据，剔除掉收入缺失和收入为零的个体，按照经通胀调整后的可比收入将居民划分为五大收入阶层，着重考察汇改前后不同收入阶层的收入份额及特征结构变化，以补充和丰富现有收入分配的研究。

（一）汇改前后收入不平等的变化趋势分析

表 2-1 列出了人民币汇改前后不同收入阶层的收入和份额变化。由表中数据可以看出，国内高低收入阶层的贫富差距较大，收入最高 20% 群体的份额高达 50% 以上，而最低 20% 群体的收入份额仅 2% 多。汇改前的人民币汇率固定时期，高收入群体（收入最高 20% 和收入次高 20%）的收入份额呈增长态势，其余群体的收入份额均下跌，高低收入阶层的贫富差距显著恶化。人民币弹性汇率制度改革后，低收入群体（收入最低 20% 和收入次低 20%）的收入增速显著快于高收入群体（收入最高 20% 和收入次高 20%），两者收入份额的差距也相应缩小，而中间群体（收入居中 20%）的收入增长相对放缓，收入份额有所下跌。

表 2-1　　汇改前后不同收入阶层的收入变化趋势

年份	收入不平等														
	全样本					收入最低 20%					收入次低 20%				
	样本数	收入均值		中值		收入均值		中值		收入份额（%）	收入均值		中值		收入增长率（%）
		数值	收入增长率（%）	数值	收入增长率（%）	数值	收入增长率（%）	数值	收入增长率（%）		数值	收入增长率（%）	数值	收入增长率（%）	
2000	9210	7707.7	—	5973.9	—	1010.2	—	965.1	—	2.62	3274.2	—	3233.8	—	8.43
2004	7179	9553.4	123.90	6910.0	115.7	999.4	96.6	932.2	98.9	2.09	3634.4	111.1	3591.0	111.0	7.61
2006	6908	12654.4	132.50	8939.6	129.4	1322.3	134.2	1250.8	132.3	2.09	4829.4	134.0	4813.3	132.9	7.61
2009	7436	18791.3	148.50	13169.5	147.3	2775.5	224.6	2809.5	209.9	2.95	8225.8	168.8	8125.5	170.3	8.75

年份	收入不平等														
	收入居中 20%					收入次高 20%					收入最高 20%				
	收入均值		中值		收入增长率（%）	收入均值		中值		收入增长率（%）	收入均值		中值		收入增长率（%）
	数值	收入增长率（%）	数值	收入增长率（%）		数值	收入增长率（%）	数值	收入增长率（%）		数值	收入增长率（%）	数值	收入增长率（%）	
2000	6004.8	—	5966.4	—	15.71	9185.7	—	9107.1	—	23.72	18992.1	—	15241.7	—	49.52
2004	6920.3	115.7	6903.8	115.2	14.43	11526.6	125.5	11427.2	125.5	24.22	24668.5	131.4	20035.1	129.9	51.65
2006	8992.3	129.5	8937.4	129.9	14.25	14470.0	124.9	14272.0	125.5	22.84	33630.6	127.9	25619.1	136.3	53.21
2009	13350.4	147.4	13169.5	148.5	14.22	20372.8	140.6	20060.0	140.8	21.68	49235.7	137.7	35272.7	146.4	52.40

资料来源：中国健康与营养调查（CHNS）。

（二）收入不平等的结构特征分析

接下来，对应前文的理论分析，本书将从区域、行业部门和个体特征等几个方面进一步考察不同收入阶层的结构特征。由表2－2汇总的数据看，城乡差异、区域差异以及居民个体所处部门、性别、学历和年龄是引起居民收入不平等的重要因素。

表2－2　　不同收入阶层的结构特征　　单位：%

结构因素	年份	收入最低20%	收入次低20%	收入居中20%	收入次高20%	收入最高20%
城乡比例	2000	91.6； 8.4 (10.9)	80.1； 19.9 (4.0)	62.4； 37.6 (1.7)	62.2； 37.8 (1.6)	63.4； 36.6 (1.7)
	2004	93.0； 7.0 (13.3)	83.3； 16.7 (5.0)	62.7； 37.3 (1.7)	60.9； 39.1 (1.6)	54.2； 45.8 (1.2)
	2006	92.2； 7.8 (11.8)	77.8； 22.2 (3.5)	62.0； 38.0 (1.6)	58.2； 41.8 (1.4)	57.1； 42.9 (1.3)
	2009	90.6； 9.4 (9.6)	76.9； 23.1 (3.3)	63.0； 37.0 (1.7)	58.2； 41.8 (1.4)	56.8； 43.2 (1.3)
区域占比	2000	23.8； 46.9， 29.3 (1:2.0:1.2)	25.2； 44.6， 30.2 (1:1.8:1.2)	31.0； 41.1； 27.9 (1:1.3:0.9)	39.7； 35.3； 25.0 (1:0.9:0.6)	45.5； 36.0； 18.5 (1:0.8:0.4)
	2004	24.5； 41.6； 33.9 (1:1.7:1.4)	29.4； 39.0； 31.6 (1:1.3:1.1)	36.6； 39.2； 24.2 (1:1.1:0.6)	40.7； 40.1； 19.2 (1:1:0.5)	44.6； 39.4； 16.0 (1:0.9:0.4)
	2006	22.8； 44.7； 32.5 (1:2:1.4)	29.8； 43.5； 26.7 (1:1.5:0.9)	38.0； 38.0； 24.0 (1:1:0.6)	40.4； 39.4； 20.2 (1:1:0.5)	44.7； 37.8； 17.5 (1:0.8:0.4)
	2009	24.4； 46.1； 29.5 (1:1.9:1.2)	30.1； 42.2； 27.7 (1:1.4:0.9)	37.8； 35.1； 27.1 (1:0.9:0.7)	40.6； 40.7； 18.7 (1:1:0.5)	41.8； 42.0； 16.2 (1:1:0.4)

续表

结构因素	年份	收入最低20%	收入次低20%	收入居中20%	收入次高20%	收入最高20%
部门占比	2000	2.2; 0.5; 97.3 (1:0.2:44.2)	10.2; 2.7; 87.1 (1:0.3:8.5)	24.6; 7.0; 68.4 (1:0.3:2.8)	36.0; 8.3; 55.7 (1:0.2:1.5)	40.6; 5.9; 53.5 (1:0.2:1.3)
	2004	0.5; 0.9; 98.6 (1:1.8:197)	2.5; 2.8; 94.7 (1:1.1:38)	5.4; 8.3; 86.3 (1:1.5:16)	21.8; 13.6; 64.7 (1:0.6:3.0)	36.1; 14.3; 49.6 (1:0.4:1.4)
	2006	0.7; 0.7; 98.6 (1:1:141)	2.8; 2.7; 94.5 (1:0.9:34)	8.8; 6.2; 85.0 (1:0.7:9.6)	22.1; 10.7; 67.2 (1:0.5:3)	32.6; 10.4; 57.0 (1:0.3:1.7)
	2009	1.9; 0.5; 97.7 (1:0.3:51)	5.5; 2.5; 92.1 (1:0.5:17)	7.8; 5.8; 86.4 (1:0.7:11)	20.4; 10.1; 69.4 (1:0.5:3.4)	32.7; 7.7; 59.6 (1:0.2:1.8)
性别占比	2000	46.3; 53.7 (0.9)	44.5; 55.5 (0.8)	48.5; 51.5 (0.9)	55.2; 44.8 (1.2)	66.2; 33.8 (2.0)
	2004	41.5; 58.5 (0.7)	44.1; 55.9 (0.8)	45.8; 54.2 (0.9)	58.5; 41.5 (1.4)	63.4; 36.6 (1.7)
	2006	37.3; 62.7 (0.6)	44.2; 55.8 (0.8)	48.7; 51.3 (0.9)	58.0; 42.0 (1.4)	66.9; 33.1 (2.0)
	2009	43.2; 56.8 (0.8)	43.1; 56.9 (0.8)	46.7; 53.3 (0.9)	56.6; 43.4 (1.3)	65.4; 34.6 (1.9)

续表

结构因素	年份	收入最低20%	收入次低20%	收入居中20%	收入次高20%	收入最高20%
学历占比	2000	0. 4; 35. 9; 61. 5 (1:90:153. 7)	1. 5; 43. 5; 54. 0 (1:29:36)	3. 5; 53. 8; 41. 1 (1:15:12)	5. 6; 60. 9; 32. 2 (1:11:5. 8)	10. 8; 65. 4; 23. 1 (1:6. 1:2. 1)
	2004	0. 2; 40. 3; 59. 1 (1:202:296)	1. 0; 43. 8; 55. 2 (1:44:55)	2. 6; 50. 6; 46. 5 (1:19:18)	5. 4; 62. 5; 31. 9 (1:11. 6:5. 9)	14. 7; 68. 5; 16. 7 (1:4. 7:1. 1)
	2006	0. 2; 36. 4; 63. 4 (1:182:317)	1. 0; 45. 6; 53. 4 (1:46:53)	3. 4; 56. 4; 40. 1 (1:16. 6:12)	10. 4; 65. 7; 23. 9 (1:6. 3:2. 3)	19. 7; 62. 8; 17. 5 (1:3. 2:0. 9)
	2009	0. 5; 39. 4; 60. 1 (1:79:120)	2. 0; 48. 3; 49. 6 (1:24:25)	2. 5; 58. 9; 38. 5 (1:23. 6:15)	8. 7; 63; 28. 3 (1:7. 2:3. 3)	18. 5; 62. 5; 19. 0 (1:3. 4:1)
年龄占比	2000	26. 8; 34. 8; 38. 3 (1:1. 3:1. 4)	17. 8; 51. 5; 30. 6 (1:2. 9:1. 7)	19. 1; 49. 8; 31. 1 (1:2. 6:1. 6)	19. 2; 54. 2; 26. 5 (1:2. 8:1. 4)	17. 3; 58. 5; 24. 2 (1:3. 4:1. 4)
	2004	20. 5; 34. 0; 45. 3 (1:1. 7:2. 2)	8. 3; 47. 8; 43. 8 (1:5. 8:5. 3)	9. 0; 43. 5; 47. 4 (1:4. 8:5. 3)	12. 0; 50. 1; 37. 8 (1:4. 2:3. 2)	7. 9; 52. 3; 39. 8 (1:6. 6:5. 0)
	2006	12. 6, 33. 6; 53. 8 (1:2. 7:4. 3)	7. 0; 42. 8; 50. 2 (1:6. 1:7. 2)	7. 4; 43. 8; 48. 6 (1:5. 9:6. 6)	9. 1; 52. 1; 38. 8 (1:5. 7:4. 3)	7. 8; 48. 7; 43. 4 (1:6. 2:5. 6)
	2009	14. 3; 31. 6; 54. 1 (1:2. 2:3. 8)	8. 7; 41. 0; 50. 3 (1:4. 7:5. 8)	7. 6; 41. 2; 51. 0 (1:5. 4:6. 7)	8. 7; 46. 2; 44. 9 (1:5. 3:5. 2)	5. 5; 48. 4; 46. 0 (1:8. 8:8. 4)

注：表中城乡的两组数字分别代表农村、城市人口所占比例；区域的三组数字分别代表东部、中部、西部地区人口所占比例；部门的三组数字分别代表政府和国有事业部门、国有企业、非国有企业（包括集体企业、家庭农场以及个体私营企业）人口所占比例；性别的两组数字分别代表男、女所占比例；学历的三组数字分别代表高学历（大学及以上）、中等学历（技校和中学）、低学历（小学及以下）人口所占比例；年龄的三组数字分别代表青年组（29 岁以下）、中年组（30～50 岁）、老年组（50 岁以上）人口所占比例。括号中数字代表不同类型人口比例。

资料来源：中国健康与营养调查（CHNS）。

静态地看，随着收入阶层的提高，城市人口比例呈显著上升趋势，而农村人口比例则显著下降；东部地区人口比例显著增长，而中部和西部地区人口比例大体呈下降趋势；政府和事业部门、国有企业人口所占比例显著增长，而非国有企业人口比例呈下降趋势；男性占比逐步上升，女性比例逐步下降；低学历人口（小学及以下）占比显著下降，高学历人口（高中和技校、大学及以上）占比显著上升；中年人口占比呈上升趋势，老年人口占比大体呈下降趋势。

关于动态的角度，本书主要关注人民币汇改前后人口比例变化趋势发生逆转的群体类型，以考察汇率制度改革可能带来的收入分配变化及其影响因素。动态来看，汇改前，低收入阶层（收入次低和收入最低两个群体）中农村人口的比例呈上升趋势，而汇改后该比例转而下降，汇改后低收入阶层中的城乡差异缩小了。

从区域差异看，汇改前，收入最低阶层中西部地区人口比例呈上升趋势，汇改后该比例转而下降，而中部地区人口比例则由汇改前的跌势转而上升，因此，收入最低阶层中，东西部差异在汇改后有所缩小，而东中部差异有所扩大。

从部门差异看，低收入阶层（收入最低和收入次低两个群体）中，国有企业与非国有企业部门人口比例由汇改前的增长趋势转为汇改后的下降趋势，因此该阶层企业与政府事业部门之间的差异在汇改后有所缩小。收入最高阶层中，国有企业人口比例由汇改前的上升趋势转为汇改后的下降趋势，而非国有企业人口比例则由汇改前的下降趋势转为汇改后的上升趋势，该阶层国有与非国有企业的差异在汇改后有所缩小。

从性别差异看，汇改前，次高收入阶层中的男性比例呈上升趋势，汇改后该比例转而下降，从而缩小了该阶层收入不平等的性别差异。

汇改前，收入次低群体中高学历人口所占比例下降，汇改后该比例有所上升，而低学历人口则由汇改前的升势转为汇改后的跌势，从而缩小了次低收入阶层中的高低学历差异。中等收入阶层中，中等学历的人口比例由汇改前的下跌转为汇改后的增长，而低学历人口比例则由汇改前的升势转为汇改后的跌势，从而扩大了该阶层的中低学历差异。与中等收入阶层的情况相反，高收入阶层中，中等学历人口比例由汇改前的上涨转为汇改后的下跌，而低学历人口比例则由汇改前的跌势转为汇改后的升势，从而缩小了该阶层的中低学历差异。

从年龄因素看，各收入阶层不同年龄人口比例在汇改前后并无显著的趋势变化。

第三节 人民币汇率变动个人收入分配效果的实证研究

一、数据指标和实证模型

接下来，本书利用 CHNS 的微观个体收入数据，实证检验人民币实际汇率变动对居民收入分配的影响效果及影响因素，计量模型构建如下：

$$\log Y_{it} = \beta_0 + \sum_j \beta_j \log e_t \times D_{it\_j} + \mu_t + \varepsilon_{it} \qquad (2-1)$$

式（2－1）中，i 代表居民个体，t 代表时间，j 代表个体特征变量，μ_t 代表时间固定效应，ε_{it} 为误差项。Y 为被解释变量，以经 2009 年通胀率调整后的居民收入度量，回归时取对数形式以降低数据异方差问题。解释变量为居民个体特征变量与人民币兑美元实际汇率对数（loge）的交叉项，本书考虑的居民个体特征变量包括城乡户籍（D_{UR}）、所在地区（东部地区虚拟变量 D_{EAST} 和西部地区虚拟变量 D_{WEST}）、工作部门（政府事业部门虚拟变量 D_{GOV}、国有企业虚拟变量 D_{GQ}、集体企业虚拟变量 D_{JT} 和个体私营企业虚拟变量 D_{GT}）、性别（D_{SEX}）、受教育年限（School）及年龄（Age）。

CHNS 的调查大致涵盖 4400 个家庭、26000 个人，每个调查年度会对样本家庭进行适当的样本轮换。本书选取了在 2000 年、2004 年、2006 年和 2009 年四个年份均参与调研的 2803 个个体构建面板数据模型，进行实证回归。各变量定义与描述性统计汇总如表 2－3、表 2－4 所示。

表 2－3　　变量定义和描述性特征值

变量指标	变量取值	所占比例（%）	收入均值	变量指标	变量取值	所占比例（%）	收入均值
D_{UR}	个体户籍为城市，取值为 1	22.1	16658	D_{SEX}	女性取值为 1	49.3	10017
	户籍为农村，取值为 0	77.9	10500		男性取值为 0	50.7	13699

续表

变量指标	变量取值	所占比例（%）	收入均值	变量指标	变量取值	所占比例（%）	收入均值
D_{EAS}	个体所在省份属于东部地区，取值为1；否则，为0	34.4	13508	D_{GOV}	个体就职于政府或事业部门，取值为1；否则，为0	12.8	18669
D_{WEST}	个体所在省份属于西部地区，取值为1；否则，为0	27.0	9809	D_{GQ}	个体就职于国有企业，取值为1；否则，为0	3.1	17037
D_{JT}	个体就职于集体企业，取值为1；否则，为0	18.0	7336	D_{GT}	个体就职于个体私营企业或家庭农场，取值为1；否则，为0	40.9	11210

表2-4　　连续变量特征值

连续变量	均值	标准差	连续变量	均值	标准差
logY	8.85	1.15	School	7.23	4.12
loge	2.06	0.08	Age	50.29	11.98

二、回归方法和回归结果

传统的面板数据模型是基于变量均值间的相互关系进行OLS回归，无法对数据的各个层次做全方位刻画，为此接下来，本书采用面板分位数回归模型检验不同收入分位点上人民币实际汇率变动对居民收入分配的影响效果及差异。面板分位数回归是将分位数回归思想应用于面板数据，与传统的面板数据模型相比，该方法不需要数据满足正态分布的假设，且不易受极端值的干扰，是对传统均值回归方法的一种有益改进。

本书采用R软件对式（2-1）进行面板分位数回归，将20%、40%、50%、60%和80%这5个代表性分位点上的面板回归结果汇总如表2-5所示。该表也汇报了基于OLS回归的面板固定效应模型估计结果，以便与分位数估计结果进行对照分析。此外，为了更直观地反映回归系数随不同分位点的变化趋势，图2-3绘出了各解释变量分位数回归系数。

表2-5　　实证回归结果

回归系数	OLS回归	分位数回归				
		0.2	0.4	0.5	0.6	0.8
β_0	8.30*** (0.071)	7.76*** (0.213)	8.60*** (0.178)	8.88*** (0.172)	9.157*** (0.175)	9.585*** (0.151)
$loge \times D_{UR}$	0.177*** (0.013)	0.237*** (0.039)	0.128*** (0.030)	0.112*** (0.025)	0.081*** (0.025)	0.033 (0.023)
$loge \times D_{SEX}$	-0.072*** (0.010)	-0.101*** (0.019)	-0.101*** (0.015)	-0.101*** (0.013)	-0.104*** (0.012)	-0.100*** (0.012)
$loge \times School$	0.026*** (0.001)	0.028*** (0.003)	0.025*** (0.002)	0.025*** (0.002)	0.024** (0.002)	0.024** (0.002)
$loge \times Age$	-0.000 (0.001)	0.001 (0.001)	0.000 (0.001)	-0.000 (0.001)	-0.000 (0.001)	0.000 (0.001)
$loge \times D_{EAST}$	0.135*** (0.011)	0.146*** (0.036)	0.125*** (0.029)	0.123** (0.027)	0.115*** (0.026)	0.096*** (0.024)
$loge \times D_{WEST}$	-0.024** (0.012)	-0.066 (0.045)	-0.067** (0.033)	-0.041 (0.033)	-0.040 (0.031)	-0.047 (0.033)
$loge \times D_{GOV}$	0.248*** (0.018)	0.256*** (0.039)	0.177*** (0.026)	0.107** (0.023)	0.072 (0.023)	0.006 (0.020)
$loge \times D_{GQ}$	0.233*** (0.029)	0.219*** (0.053)	0.124*** (0.040)	0.078** (0.037)	0.069** (0.033)	0.012 (0.030)
$loge \times D_{JT}$	-0.190*** (0.019)	-0.175*** (0.044)	-0.229*** (0.032)	-0.230*** (0.032)	-0.225*** (0.030)	-0.206*** (0.028)
$loge \times D_{GT}$	-0.019 (0.013)	-0.019 (0.044)	-0.065** (0.028)	-0.063** (0.025)	-0.060*** (0.023)	-0.046** (0.021)
R^2	0.258	0.124	0.120	0.112	0.106	0.087
样本数	10902	10902	10902	10902	10902	10902

注：OLS回归结果中括号数值为Robust标准差，分位数回归结果中括号数值为Bootstrap标准差。***、**分别代表1%、5%的显著性水平。

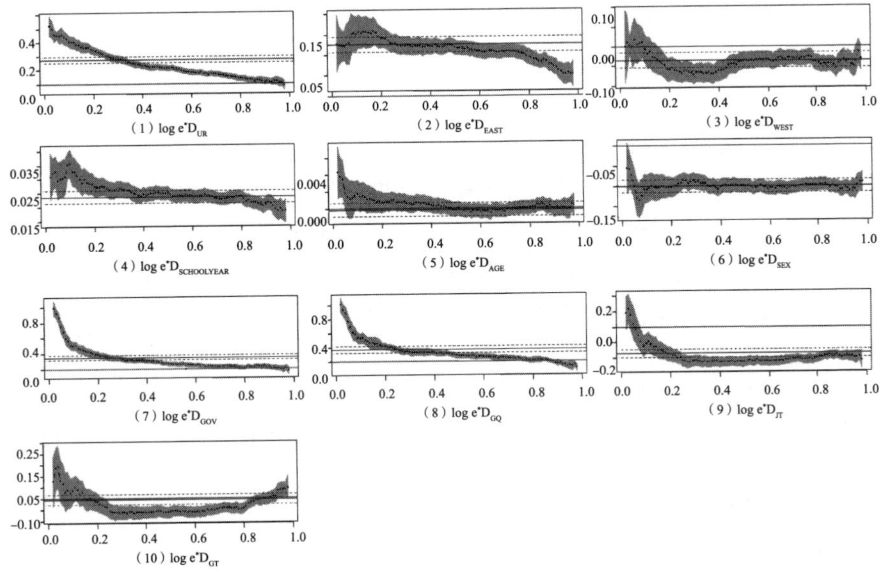

图 2－3 分位数回归系数

从回归结果看，OLS 回归与分位数回归结果大体一致，与前面表 2－2 的数据统计分析结果也基本相符。大多数解释变量的回归系数显著，表明人民币实际汇率变动对居民收入的影响效果因个体特征而异，且汇率变动的个体间收入增长差异随着收入阶层的变化而变化。

比较各解释变量的回归系数，可以看出，城乡户籍、区域和工作部门对汇率变动的收入分配效果有显著的重要影响。具体来说，人民币贬值 1%，城市人口收入增速比农村快 0.17 个百分点，从而扩大了城乡间收入差距，相反，人民币升值有助于缩小城乡间收入差距。分位数回归结果显示，汇率变动对城乡收入增长差异的影响效果随着收入阶层的提升而下降，在收入最高 20% 的阶层，汇率变动对居民收入的影响效果不因城乡而异。

区域因素也会显著影响人民币汇率变动的收入分配效果，具体来看，人民币贬值 1%，东部地区收入增速比其他地区快 0.135 个百分点，西部地区收入增速比其他地区慢 0.024 个百分点，贬值扩大了地区间收入差距。分位数回归结果显示，汇率变动的地区间收入增长差异，随着收入阶层的提升而下降。

汇率变动的收入分配效果因工作部门而异，人民币贬值 1%，政府事业部门和国有企业员工的收入增速比其他部门快 0.23～0.25 个百分点，而集体企业和个体私营员工收入增速则落后于其他部门，贬值扩大了部门间收入差距。总体来看，汇率变动的部门间收入增长差异，随着收入阶层的提升而下降。

性别和受教育年限对汇率变动收入分配效果的影响具有统计显著性，但作用效果较低。人民币贬值1%，女性收入增速比男性略低0.07个百分点，扩大了性别间收入差距，且汇率变动的性别收入增长差异在各个分位点上大体一致。居民受教育年限会扩大人民币贬值带来的收入增长差异，教育年限延长1年，人民币贬值1%可促使收入增速提高0.026个百分点，该效果在低收入阶层最大，随着收入阶层的提升，汇率变动的教育回报差异会缩小。

无论是OLS回归，还是分位数回归，人民币汇率与年龄交叉项的系数均缺乏统计显著性，表明汇率对居民收入的影响并不因年龄不同而有显著差异。

三、稳健性检验

针对上述实证回归结果的稳健性，本书从两个方面进行进一步的考察和验证。首先，运用中值绝对离差方法对每年样本收入的异常值进行筛选并予以剔除，然后对剔除异常值后的面板数据进行分位数回归。其次，采用伪面板回归技术来解决CHNS调研中的样本轮换和样本非随机流失问题，以求从更长的时间跨度探求人民币汇率变动收入分配效果的全景。

（一）异常样本点（outliers）的处理

分位数回归模型有利于降低样本极端值对回归结果的影响，但无法完全消除样本极端值影响，尤其CHNS调查的收入数据覆盖地区广泛，各地区之间的经济发展、收入来源及核算制度等方面的差异较大，收入异常值的存在依然可能影响模型估计结果的可靠性。为此，本书借鉴莱斯等人（Leys et al.，2013）的研究，运用中值绝对离差方法（median of absolute deviations，MAD）筛选收入异常值，考虑到中国贫富差距较大，不易受极端值影响的中值要比均值更适合度量收入分散程度。借鉴该方法，本书将满足下列限制条件的收入值视为异常值：

$$\frac{|Y_{it} - \text{median}(Y_{it})|}{MAD_t} > 6.5 \tag{2-2}$$

式（2-2）中，$MAD_t = \text{median}(|Y_{it} - \text{median}_t(Y_{it})|)$，代表对收入

中值离差绝对值的中值。按照该方法，每轮调研大约1%～2.5%的样本数据被视为异常值而被剔除，考虑到CHNS数据的大样本特征，该异常值的删除处理对样本性质影响不大。

剔除异常值后的回归结果汇总如表2－6所示。对照表2－5和表2－4的汇总结果，剔除异常值后的回归结果总体保持稳定，除年龄因素外，其余个体特征变量均会显著影响汇率变动的收入分配效果。相比于全样本回归结果，剔除异常值后，在高端和低端分位点上回归系数的显著性明显增强，西部地区、政府事业部门和国有企业对汇率变动收入分配效果的影响转为1%水平上的显著，反映方程整体回归效果的拟合优度也有所改进。

表2－6　剔除异常值后的回归结果

回归系数	OLS 回归	分位数回归				
		0.2	0.4	0.5	0.6	0.8
β_0	8.23*** (0.069)	6.30*** (0.190)	7.15*** (0.149)	7.46*** (0.134)	7.67** (0.135)	8.04*** (0.123)
$loge \times D_{UR}$	0.178*** (0.013)	0.228*** (0.027)	0.136*** (0.023)	0.109*** (0.020)	0.074*** (0.021)	0.021 (0.28)
$loge \times D_{SEX}$	-0.062*** (0.010)	-0.075*** (0.016)	-0.073*** (0.011)	-0.086*** (0.011)	-0.076*** (0.010)	-0.064*** (0.010)
$loge \times School$	0.025*** (0.001)	0.028*** (0.003)	0.024*** (0.002)	0.023*** (0.002)	0.023*** (0.002)	0.021*** (0.002)
$loge \times Age$	-0.000 (0.001)	0.000 (0.001)	-0.000 (0.001)	-0.000 (0.001)	-0.000 (0.001)	0.000 (0.001)
$loge \times D_{EAST}$	0.138*** (0.011)	0.180*** (0.031)	0.171*** (0.026)	0.164*** (0.023)	0.158*** (0.021)	0.141*** (0.020)
$loge \times D_{WEST}$	-0.020* (0.012)	-0.086*** (0.030)	-0.096*** (0.026)	-0.083*** (0.028)	-0.075*** (0.021)	-0.075*** (0.020)
$loge \times D_{GOV}$	0.249*** (0.018)	0.350*** (0.030)	0.211*** (0.022)	0.167*** (0.022)	0.144*** (0.021)	0.107*** (0.019)
$loge \times D_{GQ}$	0.242*** (0.028)	0.288*** (0.042)	0.194*** (0.031)	0.155*** (0.025)	0.117*** (0.023)	0.057*** (0.020)

续表

回归系数	OLS 回归	分位数回归				
		0.2	0.4	0.5	0.6	0.8
loge × D_{JT}	-0.207*** (0.019)	-0.173*** (0.030)	-0.228*** (0.020)	-0.228*** (0.022)	-0.226*** (0.023)	-0.206*** (0.017)
loge × D_{GT}	-0.022* (0.013)	-0.056 (0.037)	-0.104*** (0.027)	-0.108*** (0.023)	-0.110*** (0.020)	-0.083*** (0.018)
R^2	0.259	0.127	0.121	0.114	0.106	0.090
样本数	10707	10707	10707	10707	10707	10707

注：OLS 回归结果中括号数值为 Robust 标准差，分位数回归结果中括号数值为 Bootstrap 标准差。***、**和*分别代表1%、5%和10%的显著性水平。

（二）伪面板数据回归

CHNS 统计调查每次都会进行样本轮换，从而缩短了平衡面板数据模型的时间跨度，可能无法全面反映人民币汇率变动的收入分配效果。为此，本书接下来采用伪面板回归来解决微观统计调研中常遇到的样本轮换和样本非随机流失问题，以求从更长的时间跨度探求人民币汇率变动收入分配效果的全景。伪面板回归方法由迪顿（Deaton，1985）提出，他认为，可以按照某种属性（例如个体的年龄、职业、身份等）将各期调查对象分成不同的组群（cohort），取各群观测数据的均值或中值，来构造以群为“个体”的面板数据，或称伪面板数据（pseudo panel data）或合成面板数据（synthetic panel）。伪面板数据重点关注的是个体群的统计特征，通过群特征值的发展变化来揭示相关变量的总体分布特征，其理论依据是，如果同一群中所有个体变量的随机变化过程具有相同特征值，那么将个体加总后，变量特征值也将保持稳定。相比于平衡面板中的个体数据，伪面板数据允许每期观测个体的不同，避免了样本缺失，可得到更长时间跨度的面板数据。此外，通过对群中不同个体观测值取均值，可显著降低测量误差。

为确保伪面板回归结果的一致性，费比克和尼曼（Verbeek and Nijman，1992）指出，组群的划分标准应满足两个条件。首先，对于任何组群，个体归属某特定组群的无条件概率是相等的；其次，每个个体的变量值不随时间变化，从而个体不会从一个组群变动到另一个组群，这确保了不同组群观测值之间的独立性。基于该准则，本书按照居民个体的出生年份（1915～1974年，每四年一组）和性别（男和女）将所有个体分为30个组群，总共9个调研年份的面板数据，相关变量的组群值取该群中所有个体的均值。

为确定具体回归方法，本书进行了固定效应冗余检验（redundant fixed effects tests）和随机效应的豪斯曼检验（hausman test），结果显示，截面和时间固定效应检验的F统计量和卡方统计量对应的概率值都显著接近于零，Hausman检验概率也接近于零，从而均拒绝原假设。基于该检验结果，本书采用截面和时间双向固定效应模型对伪面板数据模型进行回归，并将主要结果汇总，如表2－7所示。总体来看，伪面板回归结果稳健，与前文回归结果基本一致，人民币实际汇率贬值，拥有城市户籍、高学历、位于东部地区、在政府事业部门或国有企业就职的人口会获得更快的收入增长，因而贬值扩大了城乡、学历、地区和部门之间的收入差距，而升值则有助于缩小收入差距。不同于前文短面板模型结果，当时间跨度延长时，年龄对汇率变动收入分配效果的影响变得显著，而性别的影响缺乏统计显著性。

表2－7　伪面板数据回归结果

解释变量	回归系数	解释变量	回归系数
$loge \times D_{UR}$	0.753*** (0.106)	$loge \times D_{SEX}$	−0.120 (0.092)
$loge \times School$	0.071*** (0.014)	$loge \times Age$	0.013*** (0.005)
$loge \times D_{EAST}$	0.155*** (0.011)	$loge \times D_{WEST}$	−0.351** (0.157)
$loge \times D_{GOV}$	0.475*** (0.106)	$loge \times D_{GQ}$	0.416* (0.250)
$loge \times D_{JT}$	0.296*** (0.044)	$loge \times D_{GT}$	0.253*** (0.077)
R^2	0.970	DW统计量	1.388
F统计量	146.80	样本数	270

注：括号中的数值为Robust标准差，***、**和*分别代表1%、5%和10%的显著性水平。

四、结论汇总和启示

基于中国金融体系不完善背景下人民币汇率变动对居民个人收入分配可能产生的重要影响，本书在对人民币汇率变动影响个人收入分配的作用机制进行理论梳理基础上，利用 CHNS 的居民个体微观数据，运用面板分位数回归方法实证检验了人民币汇率变动对个人收入分配的异质性效果及其在不同收入阶层中的差异。剔除极端异常值后的回归检验和延长时间跨度的伪面板回归分析进一步印证了回归结果的稳健性。本书理论分析和实证研究均表明，人民币实际汇率变动具有显著的个人收入分配效果，居民的城乡户籍、所处区域和工作部门对汇率变动的收入分配效果有着显著的重要影响。具体来说，本书主要得出以下几点结论：

（1）人民币贬值加快了城市人口相对于农村人口的收入增速，扩大了城乡间收入差距，而人民币升值则有助于缩小城乡间收入差距。鉴于中国当前转轨经济的运行现状，要素配置的市场化程度还相对较低，抑制了要素替代弹性[①]和汇率变动对要素配置的作用效果，从而使得人民币汇率变动的贸易竞争力效应大于生产要素替代效应。贬值促进了贸易部门扩张，抑制了非贸易部门发展，贸易品生产比例更高的城市受益于本币贬值带来的贸易增长，其居民要素生产率提升更快，收入增速显著高于农村。该结论与詹妮和华（Jeanneney and Hua，2001）的研究观点一致，后者研究认为，一方面改革开放后的人民币汇率贬值导致了“城市偏好”，扩大了城乡收入差距，且这一恶化效果在内陆地区更显著，而沿海地区发达的乡镇企业有助于缓解人民币贬值对城乡收入差距的扩大效果。另一方面，由于教育资源分布不均，中国城乡之间存在着显著的教育水平差距，农村人口中低学历劳动力比例（86%）显著高于城市（43%）[②]，人民币贬值还会通过扩大劳动力教育回报差异而恶化城乡间的收入不平等。

（2）汇率变动的个人收入分配效果也会因居民工作部门而异。但不同于理论预期，人民币贬值，政府事业部门和国有企业员工的收入增速显著加快，而集体和个体私营企业的员工收入增速放缓，贬值扩大了部门间收入差距。伴随着人民币升值，各部门收入虽然都呈增长态势，但集体和个

① 国内现有学者的研究，如戴天仕和徐现祥（2010）和郝枫（2013；2014），大多发现我国要素替代弹性较低，显著小于1。

② 低技能劳动力指初中以下学历人口，文中的比例根据本书实证分析所用数据统计得出。

体私营部门的收入增长更快，这主要是因为本币升值增大了非国有企业在国际市场的竞争压力，迫使低效率企业退出市场，剩余的资金雄厚的企业或新进企业通过技术升级和引进优秀人才促进生产率和竞争力提升，从而有助于加快该类企业居民收入的增速，缩小其与政府部门和国有企业的收入差距。贬值有利于政府和公共事业管理部门以及国有企业的收入增长，改革开放后，人民币贬值推动了出口拉动型经济的快速增长，拥有寻租能力和再分配权力的政府事业部门以及具有市场竞争力和垄断力的国有企业从贬值收益中获利更多，其职工收入增速显著快于其他部门[①]。

（3）与假设 3 的理论预期一致，汇率变动的贸易竞争力效应大于生产要素替代效应，人民币贬值恶化了东中西部地区间收入差距。这主要是因为，对外贸易依存度较高的东部地区受益于贬值带来的直接投资（FDI）流入和加工制造业出口的繁荣，居民收入增速显著快于中西部地区。相反，人民币升值不利于东部地区的外向型经济增长，并通过区域间的产业转移和要素流动，加快了中西部地区的经济发展，从而缓解了区域间的收入不平等。

与假设 4 的理论预期相符，人民币汇率变动的收入分配效果因个体特征而异，相比于低学历居民，高学历居民更易于从人民币贬值中获益，享受更快的收入增长。受教育年限延长 1 年，人民币贬值 1% 可促使居民收入增速提高 0.026 个百分点。相反，人民币升值有助于缩小不同学历居民的收入差距。该结论意味着，人民币汇率变动主要通过贸易渠道而非技术进步渠道影响不同技能个体的收入差距。20 世纪 80 年代以来，人民币贬值推动的加工制造业出口繁荣有力地发挥了中国低技能劳动力的相对优势，推动贸易结构向着密集出口低技能劳动要素的方向转变[②]，但加工制造业较低的工业增加值和劳动力供给过剩局面抑制了低技能工人工资的上涨。此外，贬值也提高了高技能劳动力的引进成本，带动国内同类劳动力的收入增长，从而扩大了居民的学历回报溢价。

面对着持续恶化的收入不平等问题，当前政府主要依赖工资政策抑制初次分配环节的劳动要素收入份额下降趋势，通过财政税收政策进行收入再分配调节，而本书结论意味着，人民币汇率政策在调节国内城乡收入不

① 张义博：《公共部门与非公共部门收入差异的变迁》，载《经济研究》2012 年第 4 期，第 77 ~ 88 页。

② 常黎、胡鞍钢：《中国制造业贸易的要素含量研究》，载《财贸经济》2011 年第 1 期，第 86 ~ 93 页。

平等、区域和部门发展失衡等问题方面也可以发挥重要作用。20 世纪 80 年代后的人民币贬值，配合城乡分割的劳动力市场和偏向城市的非均衡发展政策，促进了城市化和工业化进程，但同时也加剧了城乡间收入不平等。1994 年人民币汇率制度改革与偏向东部地区的财税优惠政策和招商引资政策，推动了 20 世纪 90 年代以来出口导向型经济的快速增长，但扩大了东中西部地区之间的发展不平衡和收入差距。有效遏制和解决当前居民收入分配不公问题，促进经济长期稳定增长，应考虑人民币汇率制度改革和汇率变动对居民收入分配的影响，通过汇率政策和财税政策适当组合，并配合要素市场改革、社会保障制度改革和金融改革的深化，实现经济高效公平的增长。例如，本书研究发现，劳动力在城乡和地区间流动不畅会阻碍人民币升值对区域间收入差距的调节作用，为此，政府应推动户籍制度和劳动力市场改革，促进城乡间、地区间劳动力的自由流动和高效配置，同时实施人才供给侧改革，为低技能劳动力提供继续教育和在职培训的机会，促进人力资本积累，提高要素替代弹性和汇率变动对要素配置的调控效果。

第三章

人民币汇率变动的福利分配效应
——基于传导机制的分解分析

2005 年人民币汇率形成机制改革拉开了汇率弹性浮动的序幕，同时也推动了有关人民币汇改绩效研究的繁荣。现有文献主要集中于汇率变动对进出口贸易、产出、通货膨胀等宏观经济总量的影响，而忽略了汇率变动对收入分配等经济结构问题作用效果的研究。现实中，一方面，汇率变动会引起国内不同商品价格水平的相对变化，这一汇率传递的异质性问题在国际经济学领域得到了广泛而深入的研究。由于不同收入阶层在消费结构上的差异，汇率传递效果的商品异质性会带来居民收入的再分配。例如，如果低收入阶层对可贸易品的消费比例高于高收入阶层，由于汇率变动对可贸易品价格的传递效果通常大于非贸易品，因此，本币贬值将不利于低收入者。另一方面，汇率变动可以通过影响企业的盈利能力和要素相对投入成本，从而影响居民的工资收入，产生收入分配效应①。此外，汇率变动还会通过不同机制影响转移性收入、财产性收入及经营性收入等收入形式，从而影响收入来源结构不同的居民福利。

尤其是，目前中国仍处于经济转轨阶段，金融市场不完善，市场的二元化特征明显，这使得面对特定冲击风险的居民无法通过金融体系对风险进行完全对冲和防范，由此可能进一步强化了人民币汇率变动的收入分配效果。近年来，国内学者已开始关注该问题，但少量现有文献主要侧重于实证检验人民币汇率对工资收入差距或城乡收入差距的具体作用效果，鲜有结合汇率变动对收入分配的传导机制，全面评估汇率变动对居民福利的

---

① 徐建炜、戴觅：《人民币汇率如何影响员工收入?》，载《经济学季刊》2016 年第 4 期，第 1603～1625 页。

影响效果。鉴于此，本章旨在基于简化的一般均衡模型，深入考察汇率变动如何通过汇率传递机制和要素收入机制两条渠道来影响居民福利，在此基础上，运用中国宏观经济数据，从实证角度全面评估人民币汇率变动的福利分配效应。基于传导机制的全面评估和福利效应的分解分析，有助于决策者实施更有针对性的价格调控、财税补贴和转移支付政策，通过汇率政策和财政政策的搭配组合更好地解决当前日益严重的贫富分化问题。

接下来的内容结构安排如下：第一节是相关文献综述，回顾总结国内外有关汇率变动对收入分配作用机制和作用效果的研究，针对现有研究的不足提出论文主要研究内容和创新点；第二节基于简化的一般均衡模型，从理论角度分析汇率变动可以通过汇率传递机制和要素收入机制影响居民福利再分配，为后文的实证分析提供理论基础；第三节介绍计量实证所用的指标数据和实证检验结果，并汇总主要研究结论。

第一节　相关文献综述

20 世纪 70 年代初，布雷顿森林体系的崩溃促使浮动汇率制度取代了此前的固定汇率制度，并引发了主要工业化国家货币汇率的剧烈波动。与此相伴随，欧美等发达经济体的劳动收入份额持续下降，收入和财富呈现向高收入阶层集中的趋势。汇率浮动和与此相伴的收入分配显著恶化，推动了汇率变动收入分配效果研究的兴盛。早期研究侧重于考察汇率变动如何通过改变劳动和资本要素收入分配而影响经济增长，如库柏（1971）、克鲁格曼和泰勒（Krugman and Taylor，1978）、托梅（1983）、梅彻蒂和特佩诺（Michetti and Tropeano，2008）等研究。另一条研究主线则关注汇率变动对居民个人收入分配的作用效果，施特若斯（1997）、布罗斯和弗瑞登（Broz and Frieden，2001）、玛勒（Marla，2005）等学者研究认为，汇率变动的收入分配效果主要表现在居民之间的收入分配差异上，而非生产要素之间的回报差异。

汇率变动的个人收入分配效果研究主要集中于汇率变动的工资收入差距问题，研究大多认为，汇率变动的工资收入效果与工人所处行业和地区有关，但结论则因研究对象和研究视角的不同而存在分歧。罗伯森（2003）认为，对外开放度越高的行业和地区，货币升值带来的工资上涨幅度越小，戈德堡和特雷西（Goldberg and Tracy，2003）、米什拉等人

(Mishra et al.，2009)、努斯和波佐罗（Nucci and Pozzolo，2014）等研究认为，对外开放度高的行业和地区，工资对汇率变动反应的敏感度更高。此外，戈德堡和特雷西（2003）研究发现，汇率变动对工资收入的影响效果还与个人特征（如受教育程度、性别、职业、技能等）有关，美元升值使教育程度低的工人收入受损，而教育程度高的工人则从中受益，1980～1995年美国劳动力市场技术溢价的一半以上可以归因于美元汇率的变化。除工资收入外，汇率变动还会通过其他收入渠道影响居民福利和社会贫富分化，鉴于海外汇款在消除贫困和改善收入不平等方面发挥的重要作用，阿佩吉斯和库雷（Apergis and Cooray，2018）利用99个发展中国家或地区的年度面板数据实证检验了实际汇率变动通过汇款渠道对贫困的影响，研究发现，贬值会提高汇款，从而有助于降低贫困。

汇率变动除了直接影响居民收入，还会通过物价传递机制影响居民购买力和真实收入，从而影响社会福利再分配。一方面，戈利叶（Gaulier，2008）研究指出，汇率变动对不同商品价格的传递效果存在较大差异，汇率传递的“商品异质性”得到了大量文献的实证检验[①]；另一方面，不同地区、不同收入阶层及不同年龄段的居民消费结构也存在显著差异[②]，因此，汇率传递效果的异质性会带来居民收入的再分配。克雷（Kraay，2007）认为，汇率贬值引起的物价变化既会影响家庭消费支出成本，同时也会影响家庭消费行为，结合这两种作用渠道，作者实证考察了2003年初埃及镑大幅贬值对居民福利的影响。研究发现，汇率变动带来的居民福利变化主要由第一条渠道主导，且存在显著的异质性，食品支出占比更高的贫穷家庭受汇率冲击的影响更大。克拉维诺和莱夫琴科（Cravino and Levchenko，2017）实证检验了1994年墨西哥比索大幅贬值的收入再分配效应，研究指出，比索汇率变动对可贸易品价格和质次价低商品价格的传递效果大于不可贸易品和质优价高商品，而低收入消费者在可贸易品和质次价低商品上的支出比例更高；量化分析结果发现，比索贬值后的两年里，处于收入底层10%居民的消费价格指数比收入顶层10%居民的价格指数大约高出32%～39%，收入底层居民生活成本上涨幅度比高收入阶层高出1.48～1.62倍，由此比索贬值带来了不利于穷人的福利分配效果。

---

① 参见曹伟和申宇（2013）的文献综述。

② 19世纪德国统计学家恩格尔最早根据统计资料研究了不同收入家庭的消费结构，结果发现，随着家庭收入的增加，食品支出份额会下降。后来的学者对恩格尔法则进行了验证和发展，如福特和戈梅斯（Foot and Gomez，2006）研究了人口年龄结构对居民消费结构的影响。

也有少数研究将要素收入机制和汇率传递机制结合起来，综合考察汇率变动对居民福利分配的影响。伊瓦陈科（Ivaschenko，2007）通过检验塞舌尔卢比贬值对工资和物价的影响，考察了卢比贬值的福利分配效果，研究发现，卢比贬值45%导致贫困人口增长了7%，但以基尼系数度量的收入不平等下降了1.4%。费荷和夏蒙（Filho and Chamon，2008）基于一般均衡模型将汇率变动的福利分配效应分解为汇率传递效应和要素收入效应，并利用巴西和墨西哥两国家庭调研的微观数据实证考察了汇率变动的福利分配效应，研究发现，要素收入效应远大于汇率传递效应，且汇率变动的福利分配效应主要体现在地区差异上，巴西的农村地区和墨西哥的北部边境地区从货币升值中受损。

2005年人民币汇率制度改革后，国内学者开始关注汇改和汇率波动的收入分配效果，现有研究大多侧重于检验汇率变动对工资收入差距或城乡收入差距的作用效果。尹智超和甘犁（2009）研究发现，在1989～1997年人民币实际汇率贬值期间，政府公共管理部门的工资比非公共部门低2.9%，而在2000～2006年人民币实际汇率升值期间，公共部门的工资显著高于非公共部门，两部门工资差异达到13.5%，且差异呈扩大趋势。佟家栋和许家云（2016）实证研究认为，人民币升值对技能劳动力工资的提升作用大于非技能劳动力，从而扩大了不同技能工人的收入差异。徐建炜和戴觅（2016）基于微观企业数据，实证检验了人民币汇率对员工收入的作用效果，研究发现，收入的汇率弹性在不同类型企业间存在显著差异，人民币汇率升值扩大了企业间的工资收入差距。

针对中国经济快速增长中日益扩大的城乡收入差距，一些学者尝试从汇率角度寻找原因。詹妮和华（Jeanneney and Hua，2001）研究认为，相比于自给自足的农村，城市生产更高比例的贸易品，人民币实际汇率贬值扩大了城乡收入差距，而东部沿海地区发达的农村产业经济有助于遏制贬值对城乡收入不平等的恶化效果。夏冠军（2010）基于结构VAR模型的研究结果显示，实际汇率升值扩大了城乡收入差距，与此研究结论类似，李增刚和邹先军（2016）基于省域面板数据和空间计量方法的实证检验同样印证了实际有效汇率和城乡收入差距的正相关关系。

总体来看，汇率变动收入分配效果的相关实证研究并未得出一致结论，结论的不确定性反映了现实中传导机制的复杂性。世界银行（2001）指出，政府决策者应着眼于汇率变动对收入分配的作用机制，研究宏观经济政策制定及开展政策的福利效果分析。鉴于此，论文旨在立足于汇率变动对居民福利的传导机制，从实证角度全面考察评估人民币汇率变动的福利分配效应。

第二节 汇率变动福利效应的理论分析

本书借鉴波尔图（Porto，2006）和费荷和夏蒙（Filho and Chamon，2008）的一般均衡模型，基于汇率变动对居民福利分配的不同作用机制，分解分析汇率变动的福利分配效应，并用补偿变化进行度量。给定消费品价格（p）和意愿效用水平（u），假设代表性经济主体（j）支出最小化下的最优支出函数等于其收入。

$$e^j(p, u^j) = x_o^j + \sum_m w_m^j \tag{3-1}$$

其中，支出函数 $e^j(\cdot)$ 依赖于消费价格向量和意愿的效用水平，x_0^j 为经济主体的外生性收入，w^j 为内生性收入，包括工资性收入（w_{wage}^j）、经营性收入（$w_{business}^j$）、财产收入（w_{asset}^j）和转移性收入（$w_{transfer}^j$）。

接下来考察供给面，在完全竞争和规模报酬不变假设下，代表性厂商利用本国生产要素（N）和进口中间品（Z）进行生产，以实现利润最大化，利润函数：

$$r(p, p^*, E) = Max_{\{N_i, Z_i\}} \sum_i f_i(N_i, Z_i)p_i - wN - Ep^*Z \tag{3-2}$$

其中，i 代表商品种类，w、p^* 和 p 分别是国内生产要素、进口中间品和国内产成品的价格，E 是名义汇率。

商品市场供求均衡时，可得：

$$\sum_j \frac{\partial e^j(p, u^j)}{\partial p_i} = \frac{\partial r(p, p^*, E)}{\partial p_i} \tag{3-3}$$

式（3-3）中，左边支出函数对商品价格的偏导数代表商品需求（依据 Shepard 定理），公式右边利润函数对价格的偏导则为商品供给（依据 Hotelling 定理）。供求均衡时的商品价格取决于名义汇率、中间品进口价格和效用水平，即：

$$p_i = p_i(p^*, E, u) \tag{3-4}$$

市场完全竞争时商品价格等于边际成本，$p_i = mc_i(w, E, p^*)$，由此可解出均衡要素价格：

$$w = w(p^*, E, u) \tag{3-5}$$

由此，汇率变动一方面通过影响商品价格而影响经济主体的福利，另一方面则通过影响居民收入而影响福利。前者称为汇率传递机制（pass-through effect）或消费机制（consumption effect），后者则为要素收入机制（factor income effect）。汇率变动的总福利分配效应可由补偿变化（compensation variation）予以度量，即，汇率变动时为保持经济主体效用水平不变而需增减的外生性收入 x_0^j。为此，将式（3－1）对汇率求偏导，可得：

$$\sum_i \frac{\partial e^j}{\partial p_i} \times \frac{\partial p_i}{\partial E} = \frac{\partial x_0^j}{\partial E} + \sum_m \frac{\partial w_m^j}{\partial E} \tag{3-6}$$

对式（3－6）移项并进行变换后，可得：

$$\frac{\partial x_0^j}{\partial \ln E} = \sum_i \frac{\partial e^j}{\partial p_i} \times \left(\frac{\partial p_i}{\partial E} \times \frac{E}{p_i}\right) \times p_i - \sum_m \frac{\partial w_m^j}{\partial E} \times \frac{E}{w_m^j} \times w_m^j \tag{3-7}$$

令$\frac{(\partial e^j/\partial p_i) \times p_i}{e^j} = s_i^j$，$\frac{w_m^j}{e^j} = \theta_m^j$，式（3－7）可化为下式：

$$\frac{\partial x_0^j}{e^j} = \left(\sum_i s_i^j \times \frac{\partial \ln p_i}{\partial \ln E} - \sum_m \theta_m^j \times \frac{\partial \ln w_m^j}{\partial \ln E}\right) \times \partial \ln E \tag{3-8}$$

其中，s_i^j 代表经济主体 j 在商品 i 上的消费支出比例，θ_m^j 则是不同来源的收入占比，$\frac{\partial \ln p_i}{\partial \ln E}$和$\frac{\partial \ln w_m^j}{\partial \ln E}$分别是物价和收入对汇率变动的反应弹性。式（3－8）括号中的第一项度量了汇率传递效应，即以支出份额加权的物价汇率弹性；第二项则反映了汇率变动的要素收入效应，即以收入份额加权的收入汇率弹性。若式（3－8）结果为负值，意味着汇率变动使得居民福利受益，而正的补偿变化意味着汇率变动使得居民福利受损。

接下来，本书将利用中国宏观经济数据对两种效应进行估计检验，以从实证角度综合评估人民币汇率变动的福利分配效应。

第三节　人民币汇率变动收入分配效果的分解分析

接下来，基于汇率变动对居民福利的作用机制，本书将利用中国家庭追踪调查（CFPS）数据对汇率变动的福利效应进行估计检验，以从实证角度综合评估人民币汇率变动的收入分配效果。CFPS 是由北京大学中国社会科学调查中心实施，跟踪收集个体、家庭和社区三个层次的居民经济与非经济福利数据，样本覆盖 25 个省（区市），规模达 16000 户家庭。该项调查于2010年正式开展，每两年进行一次全样本追踪调查，截至目前总共发布了2010年、2012年、2014年和2016年四轮具有全国代表性的调查数据。基于实证所需的指标，并兼顾前后回归结果的可比性，在剔除掉数据缺失样本后，本书实证研究最终选取了四轮调查均参与的9119个家庭进行回归检验。

一、汇率传递效应的估计

估计人民币汇率传递效应或消费效应，首先需要测算各类消费价格对人民币汇率变动的反应弹性$\left(\frac{\partial \ln p_i}{\partial \ln E}\right)$，进而考察汇率传递效应$\left(CV_1^j = \sum_i s_i^j \cdot \frac{\partial \ln p_i}{\partial \ln E}\right)$如何在不同家庭收入水平上变化。借鉴费荷和夏蒙（2008）的做法，本书基于购买力平价理论，使用三变量（国际原油价格p_{oil}、人民币汇率E和国内CPI分类价格指数p_i）的向量自回归模型和累积脉冲响应函数来估计不同消费价格指数对人民币汇率变动的反应弹性。对应CFPS公布的家庭支出数据类别，实证研究主要考察食品、衣着、居住、交通通信、生活用品及服务、文化教育娱乐和医疗保健七类价格指数对人民币名义有效汇率变动的弹性。回归指标的时间跨度为2010年1月至2016年12月，各类消费价格指数由原始的月度环比数据转为以2010年1月为基期的定基数据，回归时所有指标取对数形式，并消除了季节趋势。CPI分类价格数据和国际原油价格来源于中经网统计数据库，人民币汇率分别用国际货币基金组织和国际清算银行公布的人民币名义有效汇率进行度量。

平稳性检验表明，所有回归指标数据都是一阶平稳的，进一步的协整检验没能证实国外价格、汇率和国内分类消费价格指数之间存在长期协整关系。因此，本书对变量的一阶差分形式，采用无约束的向量自回归模型进行估计，继而基于累积脉冲响应函数计算价格对汇率变动的反应弹性。考虑到汇率变动后物价变化的时滞，本书借鉴费荷和夏蒙（2008）的做法，用汇率冲击发生后12个月的汇率累积变动率平均值去除冲击后4~15个月价格指数累积变动率的均值，得到冲击后12个月[①]的汇率传递效果，

① 由脉冲响应函数图看，汇率冲击发生后的一年内，物价变动的反应趋近于零，因此，此处仅考察12个月的汇率传递效果，即可度量整体的物价汇率弹性。

用公式表示为：

$$\frac{\partial \ln p_i}{\partial \ln E} = \sum_{j=4}^{15} \Delta p_{i,t,t+j} \Big/ \sum_{j=1}^{12} \Delta E_{t,t+j} \tag{3-9}$$

其中，$\Delta P_{i,t,t+j}$是汇率冲击发生 j 个月后的价格变动率，$\Delta E_{t,t+j}$是相应的汇率变动率。不同物价指数对不同人民币汇率指标变动的反应弹性汇总于表 3－1。表 3－1 也列出了位于不同地区和不同收入阶层的家庭消费支出比例，以比较家庭消费结构的差异。

表 3－1　　分类别汇率传递弹性和家庭消费支出比例

分类价格指数	$\frac{\partial \ln p_i}{\partial \ln E}$		s_i^j					
	E_{IMF}	E_{BIS}	全体	城市	农村	收入最低 20% 家庭	中间收入家庭	收入最高 20% 家庭
食品	－0.0306	－0.0042	0.406	0.416	0.397	0.430	0.398	0.283
衣着	0.1351	0.1499	0.052	0.052	0.052	0.040	0.055	0.059
居住	0.0110	－0.0262	0.102	0.109	0.097	0.099	0.103	0.136
交通通信	－0.1785	－0.2023	0.112	0.107	0.116	0.096	0.117	0.143
生活用品服务	0.1932	0.2138	0.087	0.087	0.087	0.075	0.091	0.143
文化教育娱乐	－0.0273	0.0643	0.093	0.095	0.091	0.072	0.098	0.100
医疗保健	－0.1156	－0.1000	0.119	0.101	0.133	0.167	0.103	0.061

从表 3－1 数据可以看出，人民币汇率传递效果具有显著的异质性，人民币升值对交通通信和医疗保健价格有较明显的抑制效果，但会提高生活用品及服务和衣着价格，汇率变动对食品、居住和文化教育娱乐价格的传递效果较弱。分类别家庭的消费支出比例显示，城市家庭在食品、居住和文教娱乐上的支出份额高于农村家庭，在交通通信和医疗保健上的支出份额低于农村家庭，两类家庭在衣着和生活用品服务上的支出份额没有显著差异。不同收入阶层的家庭消费支出结构存在显著差异，随着收入增长，家庭在食品和医疗保健上的支出比例显著下降，而在衣着、居住、交通通信、生活用品服务以及文化教育娱乐上的支出呈上升趋势。总体来看，人民币汇率传递效果的异质性意味着汇率变动可以通过消费渠道影响支出结构不同的居民收入再分配。

接下来，本书利用中国家庭追踪调查统计的家庭支出明细数据，计算七类商品在每个家庭消费支出中所占的份额 s_i^j，由此即可构建人民币汇率变动给每个样本家庭带来的汇率传递效应或消费效应 $\left(CV_1^j = \sum_i s_i^j \times \frac{\partial \ln p_i}{\partial \ln E}\right)$。本书的目的旨在考察该汇率传递效应在不同家庭收入水平上的变化情况，计量实证常用的方法就是参数线性回归，$E[CV_1^j \mid y^j] = b_1 + b_2 y^j$，采用 OLS 回归估计待估参数 b_1 和 b_2。但如果汇率传递效应和家庭收入的关系是非线性的，那么 OLS 回归拟合的结果会很差。因此，本书采用局部加权线性回归方法来刻画家庭汇率传递效应和收入之间的局部最优关系，以降低全局拟合中的偏误。范（Fan，1992）指出，局部线性回归不仅能较好地解决“边界问题”，而且比核回归更有效率且适用于更多数据类型。局部线性回归假定 CV_1^j 在 y_0 附近的某个邻域里为线性函数，即在该邻域里，$CV_1^j = b_1 + b_2(y^j - y_0)$，然后使用加权最小二乘法估计这个线性函数，即最小化以下目标函数：

$$\min_{b_1, b_2} \sum_j (CV_1^j - b_1 - b_2 y^j)^2 K\left(\frac{y^j - y}{h}\right) \qquad (3-10)$$

其中，K(·) 是高斯核函数，即权重函数；h 是带宽，如果带宽足够小，则在此小邻域内，一般的函数都可以很好地用线性函数来近似，故局部线性回归具有较好的性质。

基于局部线性回归方法，图 3-1 中的实线绘出了人民币名义有效汇率升值 10% 情景下汇率传递效应在家庭收入水平上的分布情况①。由图 3-1 可以看出，汇率传递效应为负，表明人民币升值通过降低消费价格而使全体居民福利受益；进一步地，汇率传递效应的绝对值随收入增长而下降，这意味着低收入家庭比高收入家庭从汇率升值中受益更多。人民币升值 10% 给年收入 8 千元以下的低收入家庭带来的福利改善约占其收入总额的 0.4%；对于年收入在 6 万元以上的家庭，人民币升值的福利改善效果下降为收入的 0.3% 左右。总体来看，人民币升值通过消费渠道提升了居民福利，改善了收入分配，但由于汇率传递效果较弱，升值对收入不平等的改善效果较为有限。

进一步地，图 3-2 绘出了人民币升值 10% 情形下城市和农村两类家庭的汇率传递效应随收入水平的变化趋势，对比图 3-1，农村和城市两类

---

① 基于不同汇率指标测度的汇率传递效应随家庭收入的变化趋势基本一致，本书仅绘出了基于 IMF 汇率指标回归的结果。

家庭与全样本趋势大体一致，即，人民币升值带来的汇率传递效应随着收入增长而下降，从而升值改善了农村和城市内部的收入不平等。进一步地，由于在农村家庭消费中占比更高的交通通信和医疗保健类商品价格对人民币汇率变动反应敏感，农村家庭从汇率升值中受益更多，从而升值还有助于改善城乡收入差异。

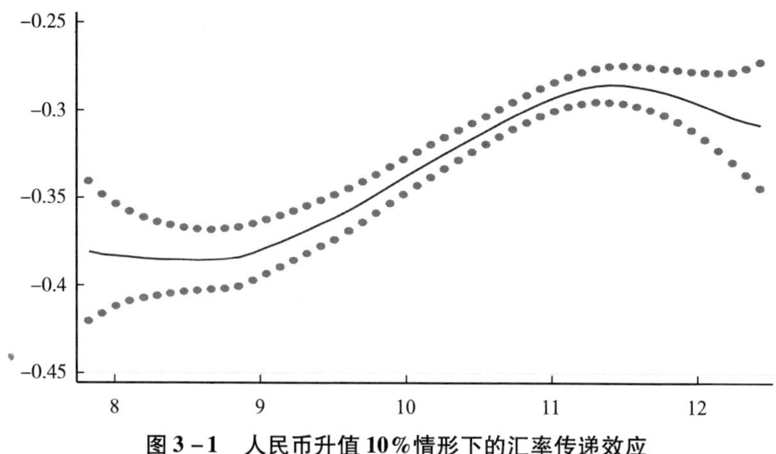

图 3－1　人民币升值 10%情形下的汇率传递效应

注：图中横轴代表对数形式的家庭收入水平，纵轴为人民币名义有效汇率升值 10% 带来的汇率传递效应，虚线代表基于自助法计算的 95% 水平上的置信区间。汇率指标来自国际货币基金组织。

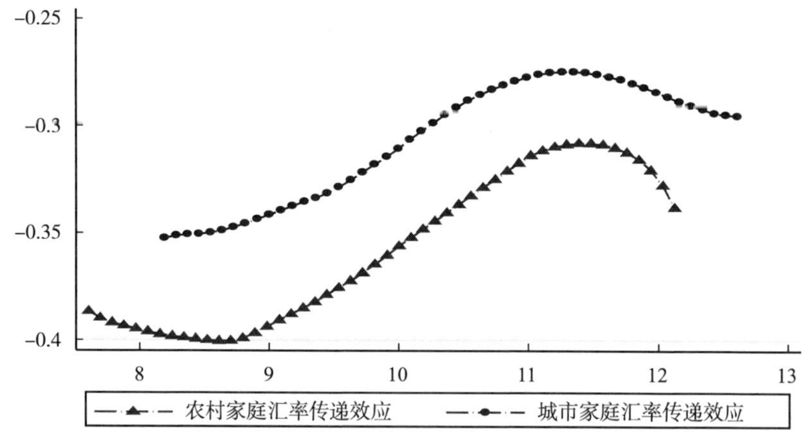

图 3－2　人民币升值 10%情形下城市和农村家庭的汇率传递效应

注：图中横轴代表对数形式的家庭收入水平，纵轴为人民币名义有效汇率升值 10% 带来的汇率传递效应。汇率指标来自国际货币基金组织。

二、劳动收入效应的估计

接下来估计人民币汇率变动的劳动收入效应，首先需要测算不同特征的居民劳动收入对人民币汇率变动的反应弹性$\left(\frac{\partial \ln w_m^j}{\partial \ln E}\right)$，进而考察劳动收入效应$\left(CV_2^j = -\sum_m \theta_m^j \cdot \frac{\partial \ln w_m^j}{\partial \ln E}\right)$如何在不同家庭收入水平上变化。由于家庭成员收入数据缺失较多，本书利用2010年以来CFPS四轮家庭收入和户主个体特征①指标构成的面板数据，估计收入汇率弹性，回归方程设定如下：

$$y_{it} = \alpha y_t + \beta \times D_{it} \times E_t + \gamma x_{it} + \mu_i + \varepsilon_{it} \qquad (3-11)$$

其中，y_{it}是家庭i在t年的收入对数；y_t是t年所有家庭平均收入的对数，以反映经济增长对个体家庭收入的影响。E_t是人民币名义有效汇率的对数形式，D_{it}是家庭户主特征向量②，包括技能水平（分低中高三种技能，分别用$Skill_L$、$Skill_M$和$Skill_H$）、所处年龄段（分青年、中年和老年三个阶段，分别用Age_Y、Age_M和Age_o表示）、所在地区（城市和农村，分别用$Area_U$、$Area_R$）及性别（男和女，分别用S_M和s_F表示）。本书重点关注的是人民币汇率变动在不同居民群体之间引起的收入分配效果，因此将家庭平均收入视为外生给定的，并在回归方程中加入家庭户主特征与人民币汇率交乘项，通过系数向量β来刻画人民币汇率变动对不同特征家庭收入的异质性影响。x_{it}是控制变量，主要考虑家庭规模（用Scale表示）；μ_i代表个体效应；ε_{it}为误差扰动项。

本书采用面板固定效应模型对式（3-11）的不同形式进行了回归，结果汇总于表3-2。表3-2中的式（1）至式（3）是基于国际货币基金组织的人民币名义有效汇率指标回归所得的结果，式（4）至式（6）是基于国际清算银行的汇率指标回归的结果，总体来看，不同形式的回归结果具有一致性。若其他特征均相同，相比于低技能户主家庭，中高技能户主的家庭收入对汇率变动的反应弹性分别高约0.007和0.015；户主年龄增长会降低家庭收入对汇率变动的反应弹性；相比于农村家庭，城市家庭

① CFPS并未提供户主信息，本书使用2010年调查中的家庭主事者作为户主。

② 本书根据受教育情况将居民技能划分为低、中、高三个层次，低技能指的是教育水平为小学及以下，中技能包括初中、中专、高中及技校，高技能包括大学及以上学历；按年龄分青、中、老三个类别，16~30岁的居民属于青年，31~60岁的居民属于中年，60以上属于老年。

收入对人民币汇率变动的反应弹性高约0.044，男性户主家庭收入的汇率反应弹性比女性户主家庭高约0.05。该结果意味着，人民币升值时，中高技能家庭的收入增长更快，中老年家庭收入增长则慢于青年家庭，城市家庭和男性户主家庭收入增长更快，从而人民币汇率变动会带来不同特征居民间的收入分配。

表3－2　　收入汇率弹性的回归结果

解释变量	(1)	(2)	(3)	(4)	(5)	(6)
y_t	0.949 *** (0.017)			0.936 *** (0.018)		
$Skill_M \times E_i$	0.010 *** (0.003)	0.013 *** (0.003)	0.007 ** (0.003)	0.011 *** (0.003)	0.014 *** (0.003)	0.007 ** (0.003)
$Skill_H \times E_i$	0.022 *** (0.007)	0.025 *** (0.007)	0.015 * (0.007)	0.024 *** (0.007)	0.027 *** (0.007)	0.015 ** (0.007)
$Age_M \times E_i$	-0.023 *** (0.005)	-0.022 *** (0.005)	-0.021 *** (0.005)	-0.021 *** (0.005)	-0.022 *** (0.005)	-0.021 *** (0.005)
$Age_O \times E_i$	-0.046 *** (0.007)	-0.046 *** (0.007)	-0.049 *** (0.007)	-0.045 *** (0.007)	-0.047 *** (0.007)	-0.049 *** (0.007)
$Area_U \times E_i$	0.051 *** (0.006)	0.048 *** (0.006)	0.044 *** (0.006)	0.053 *** (0.006)	0.048 *** (0.006)	0.045 *** (0.006)
$S_M \times E_i$	0.047 *** (0.005)	0.046 *** (0.005)	0.050 *** (0.005)	0.048 *** (0.005)	0.047 *** (0.007)	0.050 *** (0.005)
$Scale_{it}$	0.138 *** (0.006)	0.139 *** (0.006)	0.143 *** (0.006)	0.138 *** (0.006)	0.140 *** (0.006)	0.143 *** (0.006)
平均收入 y_t 的效果限制为1	否	是	是	否	是	是
个体效应	有	有	有	有	有	有
时间效应	无	无	有	无	无	有
观测值个数	35771	35771	35771	35771	35771	35771
R^2	0.1359	0.1440	0.1464	0.1738	0.1455	0.1472

注：括号中数值为稳健标准误，***、**和*分别代表1%、5%和10%水平下系数显著。

接下来，本书基于方程拟合优度最高的式（3）回归结果，计算每个家庭的劳动收入效应 CV_2^j，进而采用局部线性回归来估计劳动收入效应随家庭收入的变化趋势 $CV_2^j = g(y^j) + v^j$。图 3－3 实线绘出了人民币名义有效汇率升值 10% 情景下劳动收入效应在家庭收入水平上的分布情况。由图可以看出，对于年收入 1 万元以下的家庭，劳动收入效应为正，这意味着人民币升值通过收入机制使低收入家庭福利受损，收入最低家庭从货币升值 10% 中遭受的福利损失大约相当于其年收入的 0.3%；随着家庭收入增长，劳动收入效应由正转负，因此高收入家庭从汇率升值中受益，对于年收入 10 万以上的家庭，人民币升值 10% 通过劳动收入效应带来的福利收益相当于家庭收入的 0.5%。因此，人民币升值通过劳动收入机制加大了居民收入不平等。

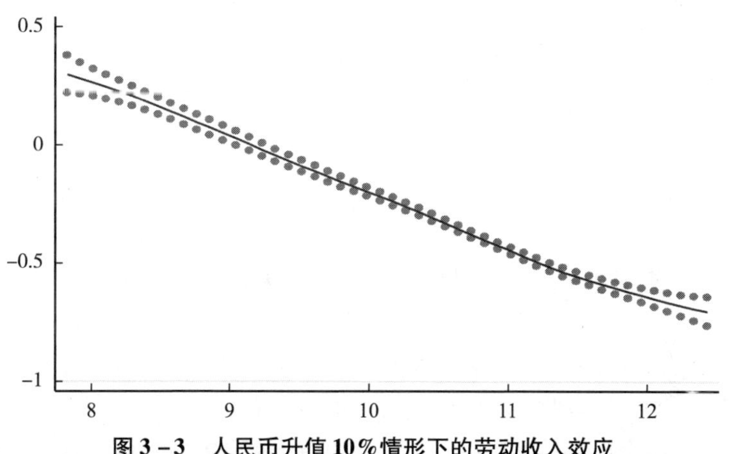

图 3－3 人民币升值 10% 情形下的劳动收入效应

注：图中横轴代表对数形式的家庭收入水平，纵轴为人民币名义有效汇率升值 10% 带来的劳动收入效应，虚线代表基于自助法计算的 95% 水平上的置信区间。汇率指标来自国际货币基金组织。

进一步地，图 3－4 绘出了人民币升值 10% 情形下城市和农村两类家庭的劳动收入效应随收入水平的变化趋势，对比图 3－3，农村和城市两类家庭与全样本趋势大体一致。对比农村和城市家庭的劳动收入效应，城市家庭总体受益于人民币升值，汇率升值 10% 给年收入 16 万以上的城市高收入家庭带来的福利提升相当于其家庭收入的 1%；农村家庭整体受损，尤其是人民币升值 10% 给农村最低收入家庭造成的福利损失约占其收入的 0.6% 左右，随着家庭收入的提升，农村家庭从汇率升值中遭受的福利损失逐渐缩小。因此，人民币升值通过劳动收入渠道不但恶化了农村和城市内部的收入不平等，也加大了城乡间的收入差距。

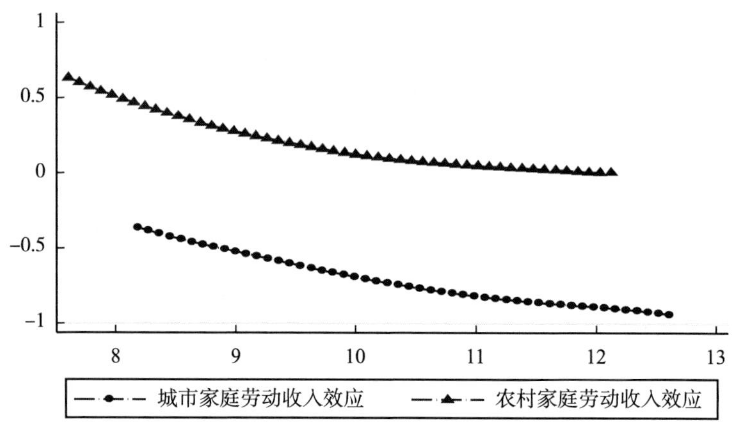

图3-4 人民币升值10%情形下城市和农村家庭的劳动收入效应

注：图中横轴代表对数形式的家庭收入水平，纵轴为人民币名义有效汇率升值10%带来的劳动收入效应。汇率指标来自国际货币基金组织。

三、人民币汇率变动的综合福利效应分析

前述分析证明了人民币升值通过汇率传递效应使全体居民受益，且缩小了收入不平等和城乡收入差距；但劳动收入机制下，汇率升值使高收入家庭和城市家庭受益，而低收入家庭和农村家庭受损，从而升值恶化了收入不平等，加剧了城乡收入差距。最后，本书将汇率传递效应和劳动收入效应结合起来，以全面评估人民币汇率变动的综合福利效应（$CV^j = CV_1^j + CV_2^j$）。图3-5的实线绘出了人民币名义有效汇率升值10%情景下综合福利效应在家庭收入水平上的分布情况。由图可以看出，人民币升值令居民整体福利受益，但综合福利效应随着收入增长而效果增强，意味着高收入家庭从汇率升值中获得的收益大于低收入家庭，尤其是年收入16万以上的家庭，人民币升值10%带来的福利收益相当于其家庭收入的1%左右。因此，人民币升值通过收入机制显著恶化了居民收入不平等。

进一步地，图3-6绘出了人民币升值10%情形下城市和农村两类家庭的综合福利效应随收入水平的变化趋势，对比图3-5，农村和城市两类家庭与全样本趋势大体一致，人民币升值恶化了农村和城市内部的收入不平等。对比两类家庭的综合福利效应，由于城市家庭同时受益于汇率升值

带来的汇率传递效应和劳动收入效应，综合福利提升较农村家庭显著，人民币升值10%给年收入2万以上的城市家庭带来的福利改善占家庭收入的1%多；农村低收入家庭从汇率传递效应中获得的福利收益会被劳动收入效应下的福利损失所抵消，导致其综合福利受损，人民币升值10%给年收入5000以下的农村低收入家庭造成的福利损失约占其收入的0.3%左右。因此，人民币升值整体恶化了城乡收入差距。

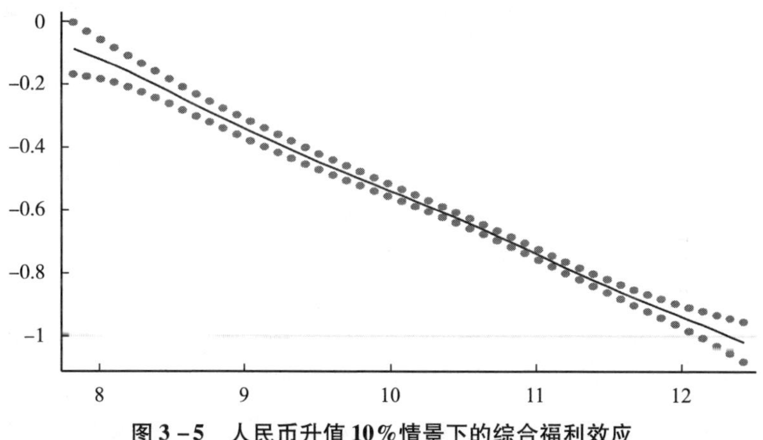

图3－5　人民币升值10%情景下的综合福利效应

注：图中横轴代表对数形式的家庭收入水平，纵轴为人民币名义有效汇率升值10%带来的综合福利效应，虚线代表基于自助法计算的95%水平上的置信区间。汇率指标来自国际货币基金组织。

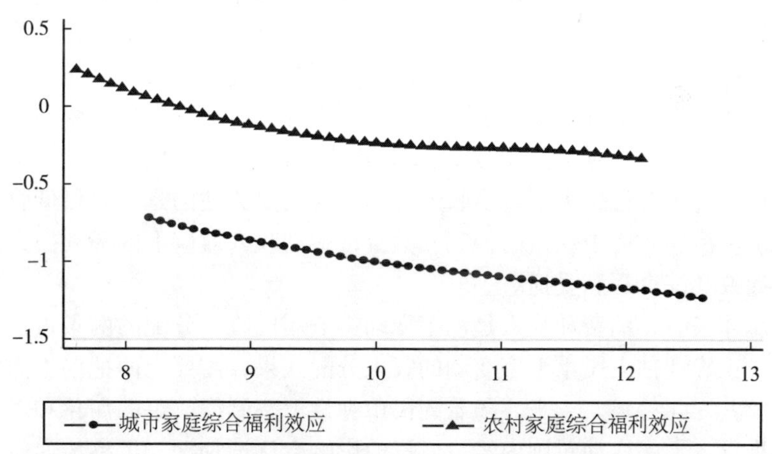

图3－6　人民币升值10%情形下城市和农村家庭的综合福利效应

注：图中横轴代表对数形式的家庭收入水平，纵轴为人民币名义有效汇率升值10%带来的综合福利效应。汇率指标来自国际货币基金组织。

四、结论汇总

汇率作为重要的资源配置手段，对居民收入分配发挥着不可忽视的作用。鉴于此，并考虑到现实中汇率变动对收入分配作用机制的复杂性，本书基于简化的一般均衡模型，考察分析了汇率变动如何通过汇率传递机制和劳动收入机制两条渠道来影响居民福利，在此基础上，运用中国家庭追踪调查（CFPS）的微观数据，从实证角度全面评估了人民币汇率变动的收入分配效果。

首先，汇率传递效果和居民消费结构的异质性使得汇率变动可以通过消费渠道影响支出结构不同的居民收入再分配。本书的实证结果表明，人民币升值通过汇率传递效应或消费效应使全体居民受益，由于低收入家庭和农村家庭的福利收益大于高收入家庭和城市家庭，因此汇率升值有助于改善收入不平等和城乡收入差距。鉴于人民币汇率对物价的传递效果较弱，人民币升值通过汇率传递渠道带来的收入分配改善效果较为有限。

其次，由于不同特征居民的收入汇率弹性不同，人民币汇率变动还会通过劳动收入渠道影响居民收入分配。实证研究发现，人民币升值通过劳动收入机制使低收入家庭和农村家庭福利受损，而高收入家庭和城市家庭从中受益。因此，升值恶化了收入不平等，加大了城乡收入差距。

最后，将汇率传递效应和劳动收入效应结合起来看，由于劳动收入效应大于汇率传递效应，使得加总后的综合福利效应随着收入增长而效果增强，意味着人民币升值恶化了居民收入不平等。城市家庭同时受益于汇率升值带来的汇率传递效应和劳动收入效应，综合福利提升较农村家庭显著，从而货币升值扩大了城乡收入差距。尤其要关注的是，农村低收入家庭从汇率传递效应中获得的福利收益会被劳动收入效应下的福利损失所抵消，导致其综合福利受损。

总体来看，消费和收入是汇率变动影响居民收入分配的两条重要传导渠道，正确评估人民币汇率变动的收入分配效果，需要全面把握不同作用机制及其变化趋势。未来，随着人民币弹性汇率制度改革的深化和对外开放的推进，汇率变动对国内经济运行的影响会逐渐加深，汇率传递效果和居民收入汇率弹性的增强或会强化汇率变动对居民福利和收入分配的冲击，决策者应注意多种政策和调控手段的搭配运用，优化收入分配格局，构建共同富裕的和谐社会。

中篇

人民币汇率变动的宏观经济绩效：基于收入分配机制的研究

第四章

人民币汇率变动的投资效应：基于收入分配机制的研究

第一节　汇率变动、收入分配与资本积累关系的文献综述

经济实践中，拉美国家大多采用本币高估政策以促进内需主导型的经济增长，而亚洲新兴市场经济体则把汇率低估政策作为刺激本国投资和经济增长的重要手段，但着眼于不同研究视角的学术研究并没有取得一致意见。梳理现有相关研究文献，学者主要着眼于汇率变化的商品竞争力效应、资产估值效应、资本和劳动的要素替代效应、企业的资产负债表效应和风险效应等不同角度考察汇率变动的投资效果，但没能取得一致结论[①]。

除了上述机制外，汇率变化还会影响劳动和资本的要素收入分配，而后者直接影响资本积累与经济增长。迪亚兹－阿里让德罗（Diaz－Alejandro，1963）是最早从收入分配角度研究汇率对经济增长影响的学者，其研究认为，货币贬值导致收入由低储蓄倾向的劳动者转向高储蓄倾向的利润所有者，从而降低了总需求和总产出，因此货币贬值可能具有紧缩效果。遵循该研究思路，克鲁格曼和泰勒（Krugman and Taylor，1978）、爱德华兹（Edwards，1986）等人的实证研究验证了汇率贬值会恶化要素收入分配，从而抑制了就业和经济增长。

同样基于收入分配的角度，另一些学者则认为货币贬值具有扩张经济

① 见田素华（2008）和张德进（2014）的研究综述。

的效果。加拉（Gala，2007）基于一个简单的凯恩斯－卡拉克模型，在存在闲置产能和价格加成比例保持固定的假设下，从理论上阐释了名义汇率贬值通过降低工人收入份额而促进了投资和经济增长。莱维－耶亚蒂和斯图冉尼格（Levi－Yeyati and Sturzeneggar，2007）的实证研究发现，发展中国家汇率贬值的扩张效果不是通过贸易替代而是通过刺激储蓄和资本积累实现的——货币当局通过外汇干预将汇率维持在低估水平上，将收入由低储蓄倾向的劳动者转移给高储蓄倾向的资本所有者，从而刺激了投资和经济增长。阮佩蒂（Rapetti，2011）研究指出，面对汇率贬值带来的国内非贸易品价格上涨和贸易部门生产率提升引发的工资上涨，如果同时搭配使用需求管理政策和工资政策以遏制通胀和工资上涨过快，那么汇率贬值更有利于推动经济增长。

2005 年人民币汇率制度改革后，汇率变动弹性的增强催生了大批关于汇改宏观经济绩效的评估研究。关于汇率对投资的影响研究，田素华（2008）着眼于企业的投资成本和资产估值效应，研究了汇率变化对不同类型企业固定资产投资的影响，结果发现人民币升值促进了大多数企业的新增固定资产投资。与田素华的研究结论一致，张德进（2014）着眼于企业的市场定价能力和外汇风险暴露，利用 1998～2011 年规模以上工业行业数据实证分析了汇率变动对资本劳动比例的影响，研究认为，汇率升值促进了行业资本劳动比例的提高，而这一促进作用在中高技术行业更显著。而刘建和、吴纯鑫（2011）的实证研究发现，人民币汇率贬值有利于固定资产投资增长，类似地，曹伟、申宇（2014）研究认为劳动密集型行业因人民币升值而大幅减少投资，而资本密集型行业投资对汇率变动不敏感，东部和西部地区投资对汇率变动的反应显著高于中部地区。吴国鼎、姜国华（2015）基于企业层面的数据，从出口收益、进口成本和进口产品竞争等渠道考察了人民币汇率变化对企业投资的影响，研究发现，人民币升值通过出口收益渠道和进口产品竞争渠道对企业投资有负向影响，而升值通过进口成本渠道对企业投资有正向影响。

总体来看，目前人民币汇率制度改革的宏观经济绩效评估模型大多借鉴自金融市场完善的发达国家模型，在评估人民币变动对贸易、外商直接投资及经济增长等宏观经济变量的影响时，往往忽略了汇率政策的收入分配效应。在完善的金融市场假设下，面对特定收入冲击风险的居民可以通过金融体系对风险进行完全防范，忽略政策的收入分配效果无关紧要；但对于中国这种金融发展相对滞后的转轨经济体，金融管制、金融体系的二元化特征等因素制约了居民对收入冲击的风险防范能力，放大了宏观经济政策的收入分配效应，忽略收入分配机制的考察很可能会影响汇改经济绩效评估的完整性和正确性。

因此，本书研究旨在弥补现有研究的不足，将人民币汇率变动的收入分配效果引入到汇率变动投资绩效的理论分析和实证评估中。接下来，首先基于经济增长和收入分配决定的 Neo - Kaleckian 模型，从理论角度分析汇率变动的收入分配效果及其对投资和经济增长的影响，并借此提出待验证的理论假设，进而利用 2005 年人民币汇改后的省际年度面板数据模型估计和 Sobel 中介效果检验，实证考察和评估人民币汇率变动对固定资产投资的影响效果及收入分配机制在人民币汇率变动投资效应中发挥的中介传导作用。

第二节 汇率变动、收入分配与资本积累关系的理论分析

从收入分配视角研究汇率变动经济绩效的理论文献主要分两类，一类采用多部门一般均衡分析（出口部门、进口部门和非贸易部门），考察汇率变动、收入分配（要素收入分配及部门间收入分配）和经济增长之间的相互作用关系。此类模型往往将汇率视为模型内生变量，由消费偏好、要素禀赋、生产率及收入水平等深层经济变量决定。受限于宏观经济数据的可获性，此类研究大多使用模拟方法对理论模型进行验证，计量回归分析较少（Krugman and Taylor，1978；Branson，1986；Edwards，1986；Rodrik，2008；Razmi，Rapetti and Skott，2009；等等）。另一类研究则基于经济增长和收入分配决定的 Neo - Kaleckian 模型，在闲置产能和价格加成比例固定的假设下侧重分析汇率变动如何通过影响劳动和资本的要素收入分配而影响居民消费、企业投资等总需求因素，从而影响经济增长（Bahaduri and Marglin，1990；Gala，2007；Marca，2010；Oreiro and Araujo，2013；等等）。

鉴于研究目的和中国经济运行特征，本书将遵循第二条研究思路，将中间进口品引入企业生产，而不区分进口部门和出口部门，以更好地反映我国加工贸易为主导的经济特征；闲置产能的假设也大体符合国内工业企业近十多年来的产能利用状况①，使得研究可以着重考察汇率变动通过作

① 参见 IMF（2012）的报告："People's Republic of China，2012 Article IV Report"。

用于收入分配和有效需求而影响经济增长。因此，基于 Neo - Kaleckian 开放经济模型，本书放松了价格加成比例固定不变的假设，从理论上分析了汇率变动如何通过影响劳动和资本的收入分配而在资本积累和经济增长中发挥作用——汇率变动影响要素收入分配，工资份额的提升意味着更高的消费，而利润份额的增长则有利于投资，汇率变动对资本积累和经济增长的影响效果存在不确定性，取决于有效需求各构成要素对汇率变动和要素收入份额变化的反应弹性。

本书侧重考察中短期内汇率变动的经济效果，因此假设生产率保持不变。此外，鉴于当前人民币汇率还不能自由浮动，作为央行重要的宏观经济调控工具，名义汇率变动更能体现宏观经济政策导向。因此，不同于巴哈杜尔和马格林（Bahaduri and Marglin，1990）、加拉（Gala，2007）等研究实际汇率变动的经济运行效果，本书侧重考察的是名义汇率变动的收入分配效果及资本积累效果。本书并没有设定投资、消费及进出口的具体函数形式，而是基于已有理论和前人相关研究结论，从一般意义上考察汇率变动的经济运行效果及其影响因素，继而基于理论分析，利用我国工业行业面板数据模型对人民币名义汇率变动的收入分配效果及收入分配机制在汇率变动投资效应中的中介作用效果做进一步的实证检验。

诚然，本书基于 Neo - Kaleckian 开放经济模型进行的静态分析也存在设定简单、前提假设未必完全与现实相符等方面的不足，但考虑到本书计量实证分析选用的是中国工业行业数据，且中国工业企业在国际市场（无论买方还是卖方）大多缺乏定价的话语权，因此静态均衡分析和后文的实证检验还是一致和相呼应的。

一、汇率变动的收入分配效果分析

假设一国在既定的生产技术下利用劳动、资本和进口中间品三种生产要素生产一种商品，该商品可同时用于投资和消费。假设中短期内，始终存在闲置产能①，因此垄断市场结构下的资本所有者根据其面对的有效需求雇佣工人进行生产，因此国内就业量可表示为：

---

① 斯坦德尔（Steindl，1952）指出，垄断厂商会保持超额产能以备销售的突然增长。一方面是因为厂房和设备的不可分割性与持久性，企业无法随市场的增长而逐步地扩张产能；另一方面是为了保持市场准入的威慑，超额产能可以使垄断企业随时提高产量以降低市场价格，从而阻碍潜在的市场进入者。

$$L = aY \tag{4-1}$$

其中，Y 代表国内真实产出，a 代表劳动产出比。

厂商在可变生产成本的基础上加成定价：

$$p = z(aW + bEp^{m}) \tag{4-2}$$

其中，$z>1$ 为国内价格加成因子，W 为名义工资，b 为进口中间投入品系数，E 是直接标价法下的名义汇率；p^{m} 是外币计价的进口中间品价格，简单起见假设其数值等于国际价格水平 p^{*}。中短期内，可以合理地假设 b 和 p^{*} 保持固定，因此为分析的简便，可将其标准化为 1。同样地，因为名义工资通常与劳动生产率保持一致的增长，可以假设中短期内名义劳动成本 aW 保持不变，从而将其标准化为 1。从而，式（4-2）可简化为：

$$p = z(1 + E) \tag{4-3}$$

接下来，遵循卡尔多（Kaldor，1956）、卡莱茨基（Kalecki，1971）的理论框架，本书假设资本所有者和工人有不同的消费储蓄行为——工人提供劳动力以赚取工资收入，并将之全部用于消费；资本所有者获取利润，并将之全部用于储蓄。由式（4-1）和式（4-3）可得劳动收入份额：

$$\psi = \frac{aW}{p} = Va = p^{-1} = \frac{1}{z(1+E)} \tag{4-4}$$

其中，$V = W/p$，代表实际工资。因为 $z>1$ 且 $E>0$，因此 $0<\psi<1$。由式（4-4）可以看出，实际工资和劳动收入份额与价格加成负相关，与名义汇率负相关。相应地，利润份额可表示为：

$$\pi = 1 - \frac{WL}{pY} - \frac{bEp^{*}}{p} = 1 - \psi - q \tag{4-5}$$

其中，q 为进口中间品的收入份额：

$$q = Ep^{-1} = \frac{E}{z(1+E)} \tag{4-6}$$

因为 b 和 p^{*} 被标准化为 1，因此进口中间品占收入的份额就等于实际汇率。因为 $z>1$ 且 $E>0$，$0<q<1$。实际汇率与名义汇率正相关，与价格加成负相关，即 $\partial q/\partial E>0$，$\partial q/\partial z<0$。式（4-5）也意味着，产值在利润、工资和中间要素投入之间进行分配，即 $\pi+\psi+q=1$。

由式（4-4）和式（4-6）可以看出，提高价格加成会降低工资份额和实际汇率，从而提高利润份额；名义汇率上升会降低工资份额、提高实际汇率，容易验证 $(\partial\psi/\partial E)+(\partial q/\partial E)=0$，因此名义汇率变化不影响利润份额。将式（4-4）和式（4-6）代入式（4-5），可得：

$$\pi = 1 - z^{-1} \tag{4-7}$$

可以看出，利润份额与价格加成正相关，并与名义汇率变化无关。但上述分析结论基于短期间生产技术不变以及企业价格加成率与汇率变动无关的前提假设。现实中，汇率变动一方面影响企业的生产成本，另一方面通过改变国内外商品的相对价格影响企业产出和利润，因此长期间，面对汇率变动冲击的企业会调整价格加成以保持其市场竞争力：

$$\pi = 1 - [z(E)]^{-1} \tag{4-8}$$

E 上升，本币贬值，一方面提高了企业进口中间品的本币成本，但另一方面也有助于降低企业产品的国外售价，从而增加企业的产出和利润。一般情况下，前者效果小于后者，$z_E > 0$，汇率变动和加成比率正相关，本币贬值提高了企业的竞争力和加成率；反之，当前者效果大于后者时，$z_E < 0$，汇率变动和加成比率负相关，本币贬值降低了企业的竞争力和价格加成率。因此，考虑到汇率变动对企业价格加成率的影响，汇率变动对利润份额和工资份额的影响存在不确定性。

$$\frac{d\pi}{dE} = \frac{z_E}{z^2} \tag{4-9}$$

$$\frac{d\psi}{dE} = -\frac{z_E(1+E)+z}{z^2(1+E)^2} \tag{4-10}$$

由此，当 $z_E > 0$ 时，$\frac{d\pi}{dE} = \frac{z_E}{z^2} > 0$，$\frac{d\psi}{dE} = -\frac{z_E(1+E)+z}{z^2(1+E)^2} < 0$，本币贬值将提升利润份额，降低工资份额，从而扩大了要素收入分配的不平等。当 $z_E < 0$，贬值会降低利润份额，而对工资份额的影响取决于 $[z_E(1+E)+z]$ 的正负，对收入分配不平等的具体影响视相关系数的大小而定。

二、汇率变动，收入分配和经济增长

名义汇率变化对有效需求和经济增长的影响取决于工资、利润和进口中间投入品三种要素之间收入分配的相应变化①。为此，接下来首先考察有效需求各构成部分的设定②。出于分析的方便，本书借鉴巴哈杜瑞和马格林（1990）的做法，假设工人将收入全部用于消费，而资本所有者将收

① 为分析方便，下文仍然假设价格加成与名义汇率不相关。二者相关情况下，汇率变动对资本积累的影响可类似推导。

② 鉴于分析的方便，本书不考虑政府部门（货币当局只负责管理名义汇率）。

入全用于储蓄，那么总消费与总资本存量的比率 g^c 可表示为：

$$g^c = \psi u = \frac{u}{z(1+E)} \quad (4-11)$$

其中，u 表示国内资本的产能利用率。因此，给定产能利用率不变，价格加成或者名义汇率的上升降低了工资份额，从而遏制了消费。

厂商的投资决策可表示为：

$$g^i = g^i(\alpha, \pi, u, q) \quad (4-12)$$

其中，g^i 是合意投资与总资本存量的比率，α 是凯恩斯所称的“动物精神”、衡量自发性投资的参数变量，且 g^i_α，g^i_π，$g^i_u > 0$①②。汇率变动一方面通过影响贸易企业的出口竞争力而对投资有正向影响，另一方面也会通过影响企业中间品进口成本而对投资产生负面影响，对于汇率变动对企业投资的净影响，理论研究没能给出确切结论，实证研究③大多倾向于支持实际汇率变动与投资正相关的结论，即 $g^i_q > 0$。

由前文分析可知，利润份额（π）与价格加成（z）正相关，实际汇率（q）与名义汇率（E）正相关、与价格加成负相关，因此可将 g^i 重新表示为：

$$g^i = g^i(z, E, u, \alpha) \quad (4-13)$$

其中，$g^i_E > 0$，表示 g^i 与名义汇率正相关；g^i_z 的符号不确定，如果利润份额效果（即价格加成上升通过提高利润份额而刺激投资）大于实际汇率效果（即价格加成上升通过降低实际汇率而遏制了投资），那么 $g^i_z > 0$，反之，如果利润份额效果小于实际汇率效果，那么 $g^i_z < 0$。

最后，将净出口占总资本的比例 g^f 表示为：

$$g^f = g^f(q, u, u^*) \quad (4-14)$$

其中，u^* 是国外产能利用率，假设为外生给定变量。基于传统贸易理论，在 Marshall - Lerner 条件成立时，$g^f_q > 0$，即净出口与实际汇率正相关；$g^f_{u^*} > 0$，$g^f_u < 0$。因为实际汇率依赖于价格加成和名义汇率，因此可将 g^f 重新表示为：

---

① 根据巴哈杜瑞和马格林（1990）的研究，利润份额提高，一方面增加了企业的盈余和资金积累，另一方面改善了外部融资环境，因此对企业投资有正向影响。

② 根据罗森（Rowthorn，1981）和杜特（Dutt，1984，1990）的研究，由于乘数效应，企业的资本累积决策与产能利用程度正相关。

③ 见坝帕和戈德堡（Campa and Goldberg，1999），努斯和波佐罗（Nucci and Pozzolo，2001），兰顿和史密斯（Landon and Smith，2006），布莱克（Blecker，2007），拉米 - 阮佩蒂和斯科特（Razmi、Rapetti and Skott，2009），巴曼 - 奥斯库和哈吉里（Bahmani - Oskooee and Hajilee，2010）。

$$g^f = g^f(z,\ E,\ u,\ u^*) \tag{4-15}$$

而且，$g_E^f > 0$，$g_z^f < 0$。

企业根据其面对的有效需求来决定生产，因为持有超额产能，企业可以通过调整产能利用程度而实现总体经济的供求平衡。商品市场的均衡条件可表示为：

$$u = g^d \equiv g^c + g^i + g^f \tag{4-16}$$

其中，g^d 是总需求占资本存量的比率。将式（4－11）、式（4－13）和式（4－15）代入式（4－16），国内产能利用率的均衡水平满足下面的方程：

$$u = g^d = g^c(z,\ E,\ u) + g^i(z,\ E,\ u,\ \alpha) + g^f(z,\ E,\ u,\ u^*) \tag{4-17}$$

将式（4－17）对名义汇率求导，经整理可得：

$$\frac{\partial u}{\partial E} = \frac{g_E^c + g_E^i + g_E^f}{\Delta} \tag{4-18}$$

其中，$\Delta = 1 - g_u^c - g_u^i - g_u^f$。基于本书假设，超额产能下，有效需求决定均衡产出，因此产能利用率 u 与超额有效需求（$g^d - u$）负相关，这意味着 $g_u^c + g_u^i + g_u^f - 1 < 0$，即 $\Delta > 0$。所以，贬值能否提高产能利用率，取决于式（4－18）中的分子符号。

由上文分析可知，$g_E^f > 0$，$g_E^i > 0$，$g_E^c < 0$，因此名义汇率贬值提高了投资和净出口，但也降低了工资份额并抑制了消费。因此，名义汇率贬值对产能利用率的影响效果取决于贬值带来的价格竞争优势和收入分配效果（工资份额的下降）孰大孰小——如果名义汇率贬值对出口和投资的刺激效果大于工资收入分配恶化带来的消费下降，那么贬值会促进经济增长；反正，如果收入分配恶化引发的消费下降超过了贬值带来的出口和投资改善效果，贬值则具有紧缩效果。

在不考虑资本折旧的情形下，资本存量的增长率由下式决定：

$$g = g^i = u - g^c - g^f \tag{4-19}$$

假设价格加成保持不变，将式（4－19）对名义汇率求导，并结合式（4－18）的结论，可得：

$$\frac{\partial g}{\partial E} = \frac{g_E^i(1 - g_u^c - g_u^f) + g_u^i(g_E^c + g_E^f)}{\Delta} \tag{4-20}$$

式（4－20）中，$\Delta > 0$，因此 $1 - g_c^u - g_u^f > 0$，且 g_E^i、g_u^i、g_E^f 均大于0，g_E^c 小于0，所以，除非名义汇率贬值对消费的影响效果极显著，一般来

说，贬值会推动投资增长。

基于上述的理论分析，本书得出待验证的理论假设，即：

假设1：人民币汇率变动是影响劳动报酬与利润分配的重要因素，但实际汇率变动对工资份额和利润份额的影响因行业企业等特征而异。

假设2：汇率变动通过收入分配渠道对固定资产投资产生重要的影响，该效果因行业类别和企业所有制性质而异。

接下来，本书将进一步通过计量实证分析对人民币汇率变动、要素收入分配和资本积累之间的相互作用关系予以验证。

第三节　人民币汇率变动、收入分配与资本积累的实证研究

一、人民币汇率变动、要素收入分配变迁和固定资产投资的作用关系——基于历史事实的考察

（一）人民币汇率变动与要素收入分配变迁关系的历史分析

人民币汇率，作为金融市场的重要价格指标和资源配置手段，其变化引导着国内要素资源的流动和配置，在影响经济增长的同时，也对国内收入分配格局的变迁发挥着重要的影响。图4－1给出了1997～2012年人民币兑美元实际汇率、劳动要素报酬占产出比例、资本要素报酬占产出比例及资本与劳动收入比率的变化趋势。

受亚洲金融危机的影响，中国出口导向型经济增长在危机后开始放缓，经济增长率降到两位数以下。面对经济低迷，1998～2004年人民币兑美元名义汇率在8.28的水平上保持了高度稳定，而中美两国通货膨胀率的差异使得人民币兑美元实际汇率小幅升值。伴随着人民币小幅升值，劳动收入份额缓慢下降，从1997年53%下降到2003年的48%，而资本要素报酬占产出比例则从34%缓慢升至35%。

随着亚洲金融危机影响的逐渐消除，自2003起中国经济重新步入两位数的快速增长，国际收支顺差和外汇储备的迅速累积最终促成了2005年7月21日的人民币汇率形成机制改革，就此拉开了人民币兑美元汇率

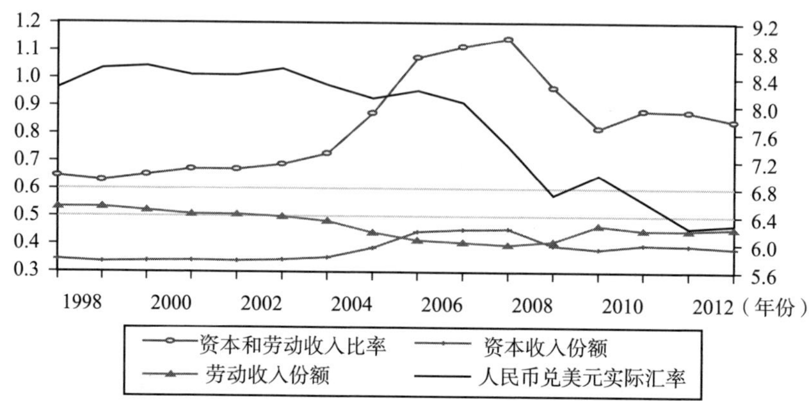

图 4－1　1997～2012 年人民币汇率、资本和劳动要素收入分配趋势

注：图中横轴表示年份，左坐标轴表示资本要素和劳动要素的收入分配，右坐标轴表示人民币兑美元实际汇率。劳动要素报酬和资本要素报酬根据省际 GDP 收入核算数据加总而得，资本要素报酬包括固定资产折旧和营业盈余两项；人民币兑美元实际汇率则根据名义汇率及中美两国通胀率计算而得。

资料来源：中经网统计数据库。

（名义汇率和实际汇率）单边小幅升值的态势，该进程虽因全球金融危机的影响而于 2008 年下半年中断，但随着危机后中国对外贸易形势的好转和国内经济的较快复苏，2009 年后人民币实际汇率重新步入升值轨道。与经济增长和人民币快速升值相伴随的是，资本与劳动要素的收入分配不均衡状况显著恶化——劳动要素报酬占产出份额下降到 2007 年的不足 40%，此后缓慢回升至 45% 左右；而资本要素份额则从 21 世纪初的 35% 左右上升到 2007 年的 45%，此后略有下降，目前大约为 38%。相应地，资本与劳动要素收入分配的不平等程度自 2003 年开始扩大，2007 年达到最高，此后略有下降，但仍高于 20 世纪 90 年代水平。

（二）要素收入分配与固定资产投资和经济增长关系的分析

接下来，本书从纵向和横向两个维度考察要素收入分配与固定资产投资及经济增长的关系。图 4－2 给出了全国层面的要素收入分配和固定资产投资及产出增速的变化趋势，图 4－3 则给出了 31 个省（区市）的要素收入分配与固定资产投资和产出增速。

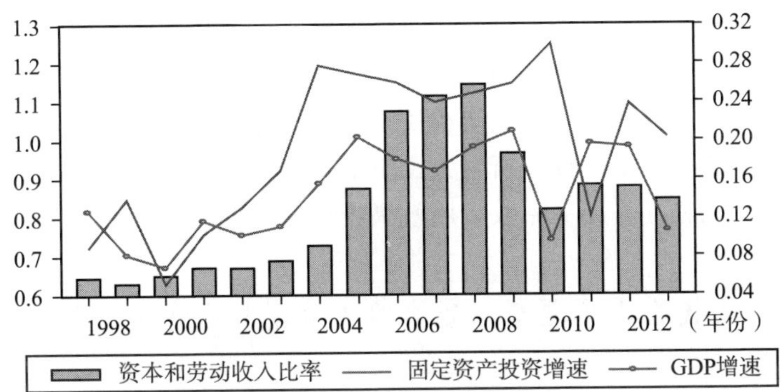

图 4-2 1997~2012 年要素收入分配与固定资产投资和产出增速的趋势

注：图中横轴表示年份，左坐标轴表示资本和劳动收入比率，右坐标轴表示固定资产投资增速和 GDP 增速。

资料来源：中经网统计数据库。

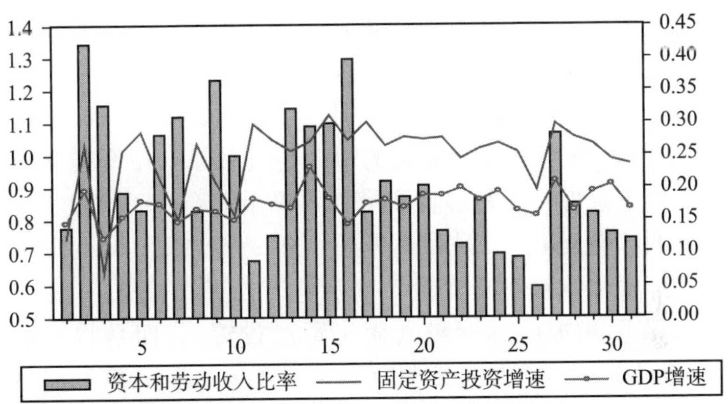

图 4-3 各省（区市）要素收入分配与固定资产投资和产出增速

注：图中横轴表示 31 个省（区市），从左到右依次为东部地区（北京、天津、上海、河北、辽宁、江苏、浙江、福建、山东、广东、广西和海南）、中部地区（山西、内蒙古、吉林、黑龙江、安徽、江西、河南、湖北和湖南）和西部地区（重庆、四川、贵州、云南、西藏、陕西、甘肃、青海、宁夏和新疆）。左坐标轴表示资本和劳动收入比率，右坐标轴表示固定资产投资增速和产出增速，各省（区市）数据为 2005~2012 年的平均值。

资料来源：中经网统计数据库。

从图 4-2 纵向维度的变化趋势看，要素收入分配的不平等程度与固定资产投资和产出增速大体呈同向变动的关系。2004~2008 年，固定资产投资和产出保持高速增长，同时资本和劳动收入的不平等程度也处于历史高位；2008 年以来，投资和产出增速的下滑则伴随着要素收入分配的改善。从图4－3横向维度的省（区市）比较看，东、中、西部地区呈现不同的关系——东部地区的要素收入分配不平等程度与固定资产投资增速大体呈负相关关系；而中部和西部地区大体呈正相关关系。

但上述的趋势图的分析只能粗浅地反映指标之间的一致变动关系，接下来本书将通过计量实证分析对人民币汇率变动、要素收入分配和固定资产投资之间的相互作用关系及作用效果进行深入细致的检验。

二、人民币汇率变动、要素收入分配和固定资产投资关系的实证检验

（一）检验方法说明

本书利用Sobel的中介效果检验（mediation effect test，1982）考察收入分配这一中介传导渠道在人民币汇率变动的固定资产投资效应中是否发挥作用及其作用方向和大小。该检验用以评估，在某一变量（人民币汇率变动）对特定被解释变量（固定资产投资）影响中，某变量（要素收入分配）是否发挥了显著的中介传导效果。中介传导机制的存在需要满足以下条件：一是解释变量（人民币汇率变动）显著影响中介传导变量（收入分配）；二是在不考虑中介变量时，解释变量（人民币汇率变动）显著影响被解释变量（固定资产投资）；三是中介变量（收入分配）显著影响被解释变量（固定资产投资）；四是将被解释变量（固定资产投资）对中介传导变量（收入分配）和初始解释变量（人民币汇率变动）一起回归，如果中介传导渠道确实发挥作用，那么初始变量（人民币汇率变动）的回归系数相比于第二步中的回归系数应该下降，且中介变量（收入分配）系数应显著。结合本书研究问题，该检验的示意如图4－4所示。

如图4－4所示，α_1 是人民币汇率变动对于固定资产投资的总效应，而a是汇率变动对于要素收入分配的影响，b则是收入分配对于固定资产投资的影响，β_1 则是包含收入分配这个中介变量后，人民币汇率变动对投资的直接影响效果。如果收入分配这一中介传导渠道确实发挥作用，那么人民币汇率变动的影响效果 β_1 应较 α_1 减小，且系数显著。中介效果的大小可以用总效果 α_1 减去直接效果 β_1 来度量，Sobel检验的统计量 $z =$

$\frac{ab}{\sqrt{a^2S_b^2+b^2S_a^2}}=\frac{\alpha_1-\beta_1}{\sqrt{a^2S_b^2+b^2S_a^2}}$度量中介效果的显著性，其中，$S_a$、$S_b$ 分别是系数 a 和 b 的标准误差。

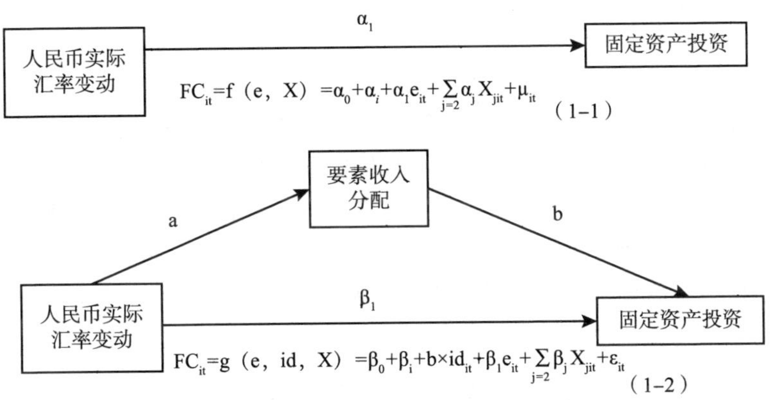

图4－1　收入分配机制的中介效果检验

（二）回归模型和数据说明

本书采用省际年度面板数据模型估计人民币汇率变动对要素收入分配以及固定资产投资的影响：

$$FC_{it}=f(e,X)=\alpha_0+\alpha_i+\alpha_1e_{it}+\sum_{j=2}\alpha_jX_{jit}+\mu_{it} \quad (4-21)$$

$$FC_{it}=g(e,id,X)=\beta_0+\beta_i+b\times id_{it}+\beta_1e_{it}+\sum_{j=2}\beta_jX_{jit}+\varepsilon_{it} \quad (4-22)$$

$$id_{it}=h(e,X)=\gamma_0+\gamma_i+a\times e_{it}+\sum_{j=1}\gamma_jX_{jit}+\upsilon_{it} \quad (4-23)$$

其中，下标 i＝1，2，…，31，代表 31 个省份，t 代表样本时期，本书主要考察人民币汇率改革后的 2005 年至 2012 年。FC_{it}代表各省份的固定资产投资额；id_{it}是各省份资本和劳动要素收入比率；e_{it}是用各省份通胀水平调整后的人民币兑美元实际汇率变动率；X 代表控制变量。结合有关理论以及前人相关研究文献①，此处控制变量主要考虑产出水平（GDP_{it}）、

① 古典投资理论认为投资是实际利率的减函数；投资的加速数理论强调产出水平对投资的决定作用；新古典经济增长模型认为公共投资是影响私人投资的一个重要因素，但既可能是“挤入效应”，也可能是“挤出效应”；金融抑制理论强调了发展中国家的金融约束对于投资的重要性。

劳动投入（L_{it}）、公共投资（地方公共财政支出 Gov_{it}）、外商直接投资（FDI_{it}）、金融约束（信贷额 $Loan_{it}$）以及宏观投资环境变化（地区发展和民生指数 $Index_{it}$）①。

将式（4－23）代入式（4－22），可得：

$$FC_{it} = (\beta_0 + b\gamma_0) + (\beta_i + b\gamma_i) + (\beta_1 + ab)e_{it} + \sum_{j=1}(\beta_j + b\gamma_j)X_{jit} + \varepsilon_{it} + b\upsilon_{it} \quad (4-24)$$

因此，$\beta_1 + ab = \alpha_1$，从而中介效果等于 $ab = (\alpha_1 - \beta_1)$。

式（4－21）至式（4－23）方程回归所用数据为2005～2012年31个省份的年度数据，其主要特征值汇总如表4－1所示。考虑到不同地区收入分配和固定资产投资的差异，本书进一步分组检验东部、中部和西部地区②的数据。数据来源于中经网统计数据库。

表4－1　实证检验所用指标的计算方法说明及主要特征值

指标	计算方法	企业类型	均值	中值	标准差
log（FC_i）	固定资产投资总额	全国	8.3879	8.5366	1.0362
		东部	8.7717	8.8626	0.9338
		中部	8.6763	8.7379	0.6336
		西部	7.6677	7.7454	1.0805
id_{it}	资本报酬/劳动报酬	全国	0.6005	0.5652	0.2010
		东部	0.6506	0.6756	0.2123
		中部	0.6775	0.6411	0.1727
		西部	0.4711	0.4656	0.1411
log（e_{it}）	各省通胀率调整后的人民币兑美元实际汇率	全国	1.9492	1.9158	0.1007
		东部	1.9518	1.9271	0.1008
		中部	1.9491	1.9237	0.1000
		西部	1.9461	1.9118	0.1022

① 回归时还考虑了影响各省份的对外贸易额和投资的资金成本——经各省通胀率调整后的一年期贷款实际利率，但回归系数不显著，因此最后回归结果中剔除了这两个变量。

② 东部地区包括北京、天津、上海、河北、辽宁、江苏、浙江、福建、山东、广东、广西和海南，共12个省份；中部地区包括山西、内蒙古、吉林、黑龙江、安徽、江西、河南、湖北和湖南，共9个省份；西部地区包括重庆、四川、贵州、云南、西藏、陕西、甘肃、青海、宁夏和新疆，共10个省份。

续表

指标	计算方法	企业类型	均值	中值	标准差
$\log(GDP_{it})$	各省份 GDP	全国	8.9417	9.1100	1.0686
		东部	9.4993	9.6085	0.9012
		中部	9.1701	9.1533	0.4951
		西部	8.0670	8.1747	1.0830
$\log(L_{it})$	各省份就业	全国	5.7903	5.9689	0.9534
		东部	6.2635	6.3472	0.8998
		中部	5.9404	6.0006	0.4480
		西部	5.0876	5.1358	0.9462
$\log(Gov_{it})$	地方公共财政支出	全国	7.2883	7.4018	0.8028
		东部	7.5336	7.6724	0.7884
		中部	7.4144	7.4424	0.5548
		西部	6.8806	6.8997	0.8574
$\log(FDI_{it})$	外商直接投资额	全国	5.6305	5.6167	1.5544
		东部	6.9922	7.0340	0.9680
		中部	5.5236	5.5170	0.3990
		西部	4.0928	3.9263	1.2752
$\log(Loan_{it})$	贷款总额	全国	8.9336	9.0274	1.1216
		东部	9.6230	9.8167	0.9516
		中部	8.9102	8.9187	0.5003
		西部	8.1272	8.3032	1.1759
$\log(Index_{it})$	地区发展和民生指数	全国	3.9823	3.9682	0.2005
		东部	4.1348	4.1273	0.1802
		中部	3.9447	3.9558	0.1099
		西部	3.8333	3.8301	0.1542

资料来源：中经网统计数据库。

（三）检验结果

鉴于本书面板数据“宽而短”的特征，针对数据可能存在的组间异方差和截面自相关性，分别运用相似比检验（LR test）和 Pesaran 检验予以验证，检验结果显著拒绝了“不同个体的扰动项方差均相等”，接受了“截面个体之间相互独立”的原假设，证明存在组间异方差性，但不存在截面自相关性。此外，伍尔德里奇（Wooldridge，2002）组内自相关检验拒绝了“不存在一阶自相关”的原假设，表明存在组内自相关。

因此，本书将采用固定效应模型估计系数，并使用“组间异方差，组内自相关”稳健的标准误差，即“面板校正标准误差”进行模型估计。使用稳健标准误的好处在于可以避免对异方差和自相关具体形式进行先入为主的假设，因而更为稳健，更适用一般的情形。

此外，式（4－21）至式（4－23）估计中很可能存在内生性问题：一方面，固定资本投资与收入分配和方程中其他解释变量可能会受到相同或相关的冲击，从而使得解释变量与残差相关；另一方面，固定资本投资也会影响经济增长继而影响收入分配，从而固定资本投资和收入分配之间存在着双向因果关系。解释变量的内生性，会导致误差项具有序列相关性，故而产生有偏、不一致的估计结果。因此，为保证估计结果的稳健性，防止有偏和非一致性，本书采用动态面板广义矩估计方法（GMM）处理模型变量可能存在的内生性问题。相比于同样处理内生性问题的两阶段最小二乘法和三阶段最小二乘法，GMM 估计不要求扰动项的准确分布信息，允许随机误差项存在异方差和序列相关，是一个稳健估计量。

鉴于差分 GMM 估计可能由于工具变量不足而出现弱工具变量问题，本书采用系统 GMM 估计，利用内生解释变量的水平滞后项和差分滞后项作为工具变量来克服解释变量的内生性问题，对式（4－21）至式（4－23）的三个方程进行回归。本书将基于“面板校正标准误差”方法的估计结果和系统 GMM 估计结果一并汇总如表 4－2 所示。

表 4－2　收入分配中介效果的实证检验结果（全国）

解释变量	PCSE 估计			动态 GMM 估计		
	(1)	(2)	(3)	(1)	(2)	(3)
被解释变量的一阶滞后				0.784*** (0.00)	0.718*** (0.00)	0.336*** (0.00)
$\log(e_{it})$	0.836* (0.07)	1.051** (0.02)	0.883*** (0.00)	0.618*** (0.00)	0.779*** (0.00)	0.578*** (0.00)

续表

解释变量		PCSE 估计			动态 GMM 估计		
		（1）	（2）	（3）	（1）	（2）	（3）
被解释变量的一阶滞后					0.784 *** （0.00）	0.718 *** （0.00）	0.336 *** （0.00）
$\log(GDP_{it})$		0.507 * （0.06）	0.667 ** （0.02）	0.659 *** （0.00）	0.070 （0.32）	0.274 *** （0.00）	0.256 *** （0.00）
$\log(L_{it})$		-0.108 （0.34）	-0.099 （0.33）	0.038 （0.67）	-0.257 *** （0.00）	-0.263 *** （0.00）	0.162 *** （0.00）
$\log(Gov_{it})$		0.575 *** （0.00）	0.534 *** （0.00）	-0.170 （0.34）	0.452 *** （0.00）	0.357 *** （0.00）	-0.526 *** （0.00）
$\log(Loan_{it})$		-0.114 （0.49）	-0.208 （0.20）	-0.386 *** （0.00）	-0.210 *** （0.00）	-0.250 *** （0.00）	-0.038 （0.26）
$\log(FDI_{it})$		-0.054 * （0.07）	-0.053 * （0.07）	0.006 （0.79）	0.023 ** （0.02）	0.006 （0.31）	-0.077 *** （0.00）
$\log(Index_{it})$		1.583 *** （0.01）	1.646 *** （0.00）	0.256 （0.55）	0.357 ** （0.03）	0.599 *** （0.06）	1.049 *** （0.00）
id_{it}			-0.244 *** （0.00）			-0.223 *** （0.00）	
截面		31	31	31	31	31	31
观测值个数		248	248	248	217	217	217
Sargan 检验					0.5888	0.6906	0.6634
Abond（2）					0.9776	0.7585	0.2909
中介效果	绝对量	0.215 ***			0.161 ***		
	占比（%）	20.46 ***			20.67 ***		
Sobel 检验		2.8648			2.5860		

注：系统 GMM 估计中，Sargan 检验用于判断估计过程中是否存在过度识别约束，原假设为模型中工具变量的选取是有效的，如果不能拒绝原假设，就意味着工具变量的设定是恰当的。Abond（2）检验用于判断差分方程的残差项是否存在二阶序列相关，原假设为差分方程的残差项不存在序列相关。中介效果中占比为中介效果占总效果的百分比。括号中的数值为统计量的显著性概率，***、**、*分别表示在1%、5%和10%的水平上显著。

由表4－2结果可以看出，GMM估计的三个方程，Sargan检验统计量和Abond（2）检验统计量均不显著，即两个检验都应该接受原假设，说明系统GMM估计中工具变量是有效的，而且差分方程残差项不存在序列相关，从而证明模型设定的合理性和工具变量的有效性。对比“面板校正标准误差”方法的估计结果和系统GMM估计结果可以看出，各变量的显著程度和回归系数没有实质性变化，印证了回归结果的稳健性，基于两种回归结果的Sobel中介效果检验也具有一致性。

表4－2的回归结果显示，人民币实际汇率变动对要素收入分配及固定资产投资有统计显著的正向影响，即人民币实际汇率贬值扩大了要素收入分配差异，促进了固定资产投资的增长，而升值则缩小了资本和劳动收入分配的不平等，并遏制了固定资产投资的增长。进一步地，Sobel中介效果检验表明，在当前人民币汇率变动的投资效应中，收入分配机制发挥着显著而重要的中介传导效果，而且，由于要素收入分配差异对固定资产投资有显著的负向影响，因此收入分配机制部分（大约20%左右）抵消了人民币汇率升值（贬值）对固定资产投资的遏制（促进）效果。

（四）分地区的检验结果

接下来，本书进一步分组检验东、中和西部地区的收入分配在人民币汇率变动投资效应中的作用及其地区差异。由于GMM估计对样本容量要求较高，而分地区的数据容量有限，因此本书采用“面板校正标准误差”的固定效应模型估计方程式（4－21）至式（4－23）。检验结果汇总如表4－3所示。

表4－3汇总的分地区检验结果显示，在东部地区，人民币升值（贬值）显著缩小（扩大）了要素收入分配不平等，而收入分配的改善（恶化）扩大（抑制）了投资，从而部分抵消了（大约11%）人民币升值（贬值）对固定资产投资的紧缩（促进）效果。中部和西部地区，人民币汇率对收入分配有显著正向影响，但要素收入分配差异对固定资产投资缺乏统计显著的影响，因而收入分配的中介传导效果缺乏显著性。

表 4－3 收入分配中介效果的实证检验结果（分地区）

解释变量	东部			中部			西部		
	（1）	（2）	（3）	（1）	（2）	（3）	（1）	（2）	（3）
$\log(e_{it})$	2.000** (0.01)	2.252*** (0.00)	0.756** (0.04)	−0.715 (0.12)	−0.64[illegible] (0.18)	1.575* (0.06)	0.642 (0.02)	0.686** (0.01)	0.523* (0.10)
$\log(GDP_{it})$	0.922* (0.07)	1.228*** (0.01)	0.920*** (0.00)	−0.461 (0.20)	−0.413 (0.26)	0.930** (0.05)	0.402** (0.02)	0.460** (0.01)	0.678 (0.00)
$\log(L_{it})$	−0.080 (0.72)	0.012 (0.95)	0.278** (0.02)	0.011 (0.96)	0.007 (0.97)	−0.084 (0.47)	−0.226*** (0.00)	−0.232*** (0.00)	−0.067 (0.37)
$\log(Gov_{it})$	1.009*** (0.01)	0.902** (0.01)	−0.321* (0.06)	0.554* (0.08)	0.545* (0.07)	−0.194 (0.64)	0.298*** (0.01)	0.276** (0.02)	−0.262** (0.05)
$\log(Loan_{it})$	−0.462 (0.24)	−0.628* (0.10)	−0.518*** (0.01)	0.218 (0.14)	0.186 (0.47)	−0.670* (0.07)	0.038 (0.66)	0.036 (0.68)	−0.027 (0.83)
$\log(FDI_{it})$	−0.084** (0.03)	−0.077** (0.03)	−0.305* (0.06)	−0.104 (0.14)	−0.114* (0.08)	−0.215** (0.02)	−0.004 (0.87)	−0.005 (0.87)	−0.0003 (0.99)
$\log(Index_{it})$	0.461 (0.71)	0.391 (0.72)	−0.213 (0.71)	2.536** (0.01)	2.577** (0.01)	0.890 (0.54)	2.480*** (0.00)	2.434*** (0.00)	−0.533 (0.23)
id_{it}		−0.333*** (0.01)			−0.047 (0.59)			−0.085 (0.43)	

续表

解释变量		东部			中部			西部		
		(1)	(2)	(3)	(1)	(2)	(3)	(1)	(2)	(3)
截面		12	12	12	9	9	9	10	10	10
观测值个数		96	96	96	72	72	72	80	80	80
中介效果	绝对量	0.252*			0.074			0.044		
	占比（%）	11.19***			10.35			6.41		
Sobel 检验		1.7525			0.5508			0.7094		

注：中介效果中的占比为中介效果占总效果的百分比。括号中的数值为统计量的显著性概率，***、**、* 分别表示在 1%、5% 和 10% 的水平上显著。

三、结论比较与解释

本书将人民币汇率变动的收入分配效果引入到汇率变动投资绩效的评估中，利用省际年度面板数据模型估计和 Sobel 中介效果检验，实证考察了收入分配机制在当前人民币汇率变动的固定资产投资效应中发挥的作用。通过实证检验，得到以下几点主要结论：

第一，人民币汇率变动具有显著的收入分配效果——人民币贬值扩大了要素收入分配的不平等，而升值则有利于缩小收入分配差距。该结论与国学者邵建春（2012）、詹妮娜和华（Jeanneney and Hua，2001）对中国数据所做的实证研究结论相近，与我国收入分配不平等的历史变迁现实也是一致的。从现实来看，1994 年人民币汇率并轨后的大幅贬值有力推动了我国出口导向型经济的高速增长，与之相伴随的，劳动报酬占 GDP 的比重持续下降，城乡、地区、行业和社会成员间收入差距持续扩大。时隔 10 多年的 2005 年人民币汇率改革旨在通过汇率的弹性浮动优化资源配置、推动内需导向的经济增长，从图 4－1 的趋势看，近几年来要素收入分配的不平等确实有了一定程度的改善。

理论上看，人民币实际汇率升值，一方面降低了企业进口原材料及中间品的本币成本，但另一方面也抑制了出口产品在国际市场的竞争力，总体来看前者效果小于后者，从而人民币升值损害了企业加成能力，降低了企业利润率和资本收入份额，提高了劳动收入份额，从而改善了要素收入分配的不平等。袁志刚和邵挺（2011）基于投入产出表测算了人民币升值对行业利润率的影响，研究认为，在经济运行占主导地位的劳动密集型和研发投入较少的竞争性行业在升值中受损、利润率下降。

第二，收入分配机制是人民币汇率变动影响固定资产投资的重要中介传导渠道。具体来说，人民币汇率变动对固定资产投资有显著的正向影响，而收入分配不平等对投资有显著的负面影响，从而收入分配机制部分抵消了（20% 左右）人民汇率变动的投资效果。

与陆铭和陈钊等（2005）的研究结论一致，本书结论印证了新增长理论关于收入分配对投资和经济增长产生负面影响的观点。该理论认为，在不完善的信贷市场下，收入差距扩大将使得更多穷人面临信贷约束，降低其物质资本和人力资本投资；收入差距过大将导致政府增税而后通过再分配政策来调节居民的收入差距，高税率将抑制投资；收入差距扩大还会引起社会和政治动荡，恶化投资环境，从而降低具有生产性的物质资本积累。

梳理现实中人民币汇率变动对固定资产投资的影响渠道，一方面，人民币贬值有助于提高企业产品在国际市场的竞争力（竞争力效应），从而刺激固定资产投资和产出；另一方面，人民币贬值会增加企业进口成本（成本效应）和外债负担（资产负债表效应），恶化要素收入分配的不平等（收入分配效应），从而对企业投资产生抑制效果。综合来看，我国加工贸易占主导的贸易格局和资本项目的管制限制了人民币汇率变动的成本效应与资产负债表效应的发挥，收入分配效应虽然显著，但不足以完全抵消汇率变动的竞争力效应，从而人民币贬值（升值）总体刺激（抑制）了固定资产投资增长。

第三，分地区检验结果显示，收入分配机制的中介传导效果只在东部地区显著，而中西部地区缺乏统计上的显著性。具体来看，东部地区，人民币汇率变动对收入分配和固定资产投资均有显著正向影响，而收入差异对投资有显著的负面影响，因此收入分配机制部分（11%左右）抵消了汇率变动的投资效果。

人民币汇率变动对西部地区的影响效果虽然统计显著，但远低于东部地区，而对中部地区的投资缺乏统计显著的影响，这与田素华（2008）研究结论基本一致，即人民币升值对中国经济重心“由长江以南向长江以北以及由东部地区向中部地区”的转移过程有助推作用。

中部和西部地区，汇率变动会正向影响收入分配差异，但收入分配对投资缺乏显著影响，从而影响了收入分配中介效果的显著性。要理解收入分配中介效果的地区差异，需结合地区经济运行的市场化进程差异。在渐进式市场化改革中，东部、中部、西部地区存在着显著的差异——东部地区地理位置优越、对外开放程度较高，而中西部地区地处内陆、经济发展水平落后、对外开放程度较低，市场化改革相对滞后。孙晓华和李明珊（2014）基于政府行为规范化、经济主体自由化、要素资源市场化、产品市场公平化和市场制度完善化5大方面，测算了东部、中部、西部的市场化指数，结果发现，东部市场化程度最高，中部次之，西部最低。相比于东部，中部、西部地区国有经济占比更高，投资和经济增长带有更浓厚的政府主导色彩，从而影响了收入分配中介效果的显著性。

第五章

人民币汇率变动的消费效应：基于收入分配机制的研究

汇率经常被作为一种刺激一国经济增长和就业的重要手段。改革开放后，中国通过“低估人民币钉住美元汇率”实现了投资和出口导向型经济的快速增长，而与人民币贬值相伴随的则是劳动者报酬和居民收入占 GDP 的比重持续下降，居民消费率则从 20 世纪 90 年代初的 50.8% 下降到 2005 年的 40%；2005 年及之后的人民币弹性汇率制度改革旨在推动经济增长模式向扩大内需和创新驱动型转变。汇改至今，人民币兑美元名义汇率已升值近 35%。在此期间，贫富差距虽未有显著改善，但确实没有继续恶化，居民消费率也终结了之前的持续下跌趋势，转而步入上升通道。

一国汇率变动对国内居民消费产生何种影响？国内外学者的理论和实证研究并未取得一致结论，这主要归因于汇率变动对消费作用机制的多样性。除了通过进出口贸易、资产价格（财富效应）等渠道影响消费外，汇率变动还通过改变居民收入分配结构影响消费增长及其结构变动。阿里让德罗（Alejandro，1963）指出，在汇率变动对经济增长的作用机制中，收入分配是强有力的机制。特别是对中国这种存在金融管制和金融体系二元化特征明显的转轨经济体，由于面对特定收入冲击风险的居民无法通过金融体系对风险进行完全防范，汇率变动的收入分配效应相比于金融体系完善的发达国家会更为显著。所以，收入分配是评估人民币汇率变动的消费效应时不可忽略的因素。

本书旨在对汇改后人民币汇率变动的消费效应进行深入的理论与实证分析。首先对国内外相关主要研究文献进行回顾总结和评述，继而基于历史事实考察人民币汇率变动、城乡收入差距和城乡居民消费变迁的相互作用，然后利用2005年人民币汇改后的省际面板数据模型估计和Sobel中介效应检验，实证考察人民币实际汇率变动对居民消费的影响效应及收入分配因素在其中发挥的作用。最后将本书所得结论与前人研究成果进行比较，并结合中国国情对主要结论予以解释。

第一节　汇率变动与消费的相关研究综述

汇率变动与消费的关系是宏观经济研究的重要课题，但理论和实证研究均未取得一致结论。传统宏观经济周期理论认为，实际汇率贬值与消费增长存在正相关关系。巴克斯和史密斯（Backus and Smith，1993）将非贸易品引入传统模型，从理论上论证了实际汇率贬值的国家，其消费增长更快；但跨国实证研究却发现，8个经济合作与发展组织（OECD）成员方的消费与实际汇率之间存在负相关关系，由此引出宏观经济学的著名悖论即“消费—实际汇率”悖论，也称Backus－Smith之谜，许多学者对该悖论进行了广泛而深入的理论和实证研究。

亚历山大（1952）、阿里让德罗（1963）等研究认为，货币贬值导致收入由高消费倾向的劳动者转向低消费倾向的利润所有者，从而降低了总需求和总产出；库柏（1971）、克鲁格曼和泰勒（Krugman and Taylor，1978）等人的实证研究也表明汇率贬值会恶化要素收入分配，从而抑制了就业和经济增长；巴曼－奥斯库和哈吉里（Bahmani－Oskooee and Hajilee，2012）的跨国实证研究则直接确证了汇率贬值对居民消费的抑制效应。

另一些学者则着眼于不完全市场假设对Backus－Smith之谜做出解释。塞拉维和图斯塔（Selaive and Tuesta，2003）基于不完全市场和不完全汇率传递的假设，从理论上解释了实际汇率与相对消费的零相关甚至负相关关系；拉伯纳和图斯塔（Rabanal and Tuesta，2007）在一般均衡模型下考察了财政政策冲击和技术冲击如何导致相对消费和实际汇率的低相关性；柯塞蒂等（Corsetti et al.，2008）在不完全市场模型下引入了中间分配部门，从理论上分析了实际汇率与相对消费之间的负相关关系。遵循这一研究思路进行的实证研究同样印证了Backus－Smith之谜，如科曼（Kollmann，1995）、拉威尔（Ravn，2001）实证研究认为，实际汇率与相对消费之间不存在相关关系；赫斯和施恩（Hess and Shin，

2007）、哈德兹 - 瓦斯科夫（Hadzi - Vaskov，2007）将实际汇率变动分解为名义汇率变动和通胀率差异两部分，发现名义汇率变动是导致 Backus - Smith 之谜的主要原因。但也有不同的研究观点，如陈旭晟（Shiu - Sheng Chen，2013）指出，前人实证研究之所以没能发现实际汇率和相对消费之间的显著正相关关系，是因为其为处理回归中解释变量的内生性而采用的工具变量是无效的，改进了工具变量后的实证结论证实了实际汇率与相对消费之间的显著正相关关系，从而否定了 Backus - Smith 之谜。

2005 年人民币汇率制度改革催生了国内大批关于汇改的宏观经济绩效的评估研究。魏巍贤（2006）基于可计算一般均衡模型研究认为，人民币升值促使城镇消费上升，而抑制了农村居民消费。傅章彦（2008）利用均衡汇率实证模型和二元选择模型证明了“消费—实际汇率悖论”在中国的显著成立，并将之归因于收入分配的不合理。陈国进和陈创练（2010）研究认为，汇率变动对居民消费的影响存在动态差异，短期内人民币升值降低了进口品价格，从而对国内商品消费产生挤出效应，但长期间跨期选择效应和两种商品消费之间的互补关系最终会提升国内商品消费。

总体来看，国内关于人民币汇率与消费关系的研究主要集中于对两者关系的直接实证检验，研究结论大多证明了“消费—实际汇率”悖论在中国的存在。在完善的金融市场假设下，面对特定收入冲击风险的居民可以通过金融体系对风险进行完全防范，忽略政策的收入分配效应无关紧要；但对于中国这种金融发展相对滞后的转轨经济体，金融管制、金融体系的二元化特征等因素制约了居民对收入冲击的风险防范能力，从而放大了宏观经济政策的收入分配效应。詹妮和华（Jeanneney and Hua，2001）、李颖等（2014）的实证研究证实了人民币汇率变动具有显著的收入分配效应，而袁志刚和朱国林（2002）、吴振球等（2010）、王宋涛和吴超林（2012）的实证研究均证明了收入分配对中国消费的重要性。

本书认为，收入分配因素很可能是人民币汇率影响居民消费的重要中间传导媒介，忽略汇率变动的收入分配效应会使研究结果出现较大分歧。为弥补前人研究的不足，本书将人民币汇率变动的收入分配效应引入到汇率变动的消费效应的评估中，利用 2005 年人民币汇改后的省际面板数据模型和 Sobel 中介效应检验，实证考察人民币汇率变动的消费效应及收入分配因素的中介传导作用。

第二节 人民币汇率变动、收入分配及居民消费关系的现状分析

一、人民币汇率变动和城乡收入差距变化的关系分析

作为金融市场的重要价格指标和资源配置手段，人民币汇率的变动引导着国内要素资源的流动和配置，在影响经济增长的同时，也对国内收入分配格局演变发挥着重要的影响。图 5－1 绘出了 1990～2012 年人民币兑美元汇率和城乡收入差距的变化趋势。

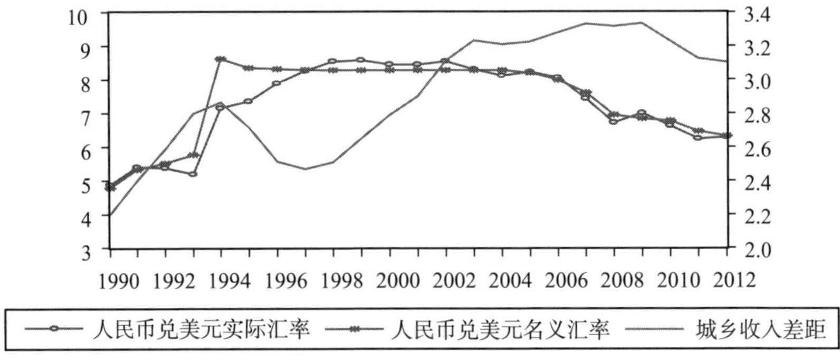

图 5－1 1990～2012 年人民币兑美元汇率和城乡收入差距的变化趋势

注：图中横轴表示年份，左坐标轴表示人民币兑美元名义汇率和实际汇率，右坐标轴表示城乡居民收入差距。城乡收入差距用通胀率调整后的城市居民人均实际可支配收入与农村居民人均实际纯收入比率来度量；人民币兑美元实际汇率则根据名义汇率及中美两国通胀率计算而得。

资料来源：万德统计数据库。

从图 5－1 可以看出，20 世纪 90 年代人民币兑美元汇率基本保持了贬值的趋势，名义汇率从 20 世纪 90 年代初的 4.78 贬值到 1996 年的 8.31，实际汇率则从 90 年代初的 4.87 持续贬值到 90 年代末的 8.57。东南亚金融危机后，1998～2004 年人民币兑美元名义汇率在 8.28 的水平上保持了长期高度稳定，而中美两国通货膨胀率的差异使得这段时期的人民币实际汇率有小幅升值。随着东南亚金融危机影响的逐渐消除，自 2003 年起中国经济重新步入两位数以上的快速增长，国际收支顺差和外汇储备的迅速

累积最终促成了2005年7月的人民币汇率形成机制改革，开启了人民币兑美元汇率（名义汇率和实际汇率）单边小幅升值的历程，该进程虽因全球金融危机的影响而于2008年下半年中断，但随着危机后中国对外贸易形势的好转和国内经济的较快复苏，2010年后人民币兑美元汇率重新步入升值轨道。

与20世纪90年代初人民币贬值趋势相伴随的是城乡收入差距从1990的2.2倍迅速扩大到1994年的2.86倍；此后人民币汇率保持了低估水平上的高度稳定，城乡收入不平等程度有所缓解；但1997年东南亚金融危机爆发后，城乡收入差距再次步入上升通道，从1998年的2.5倍上升到2003年3.5倍。2003年后中国经济重新步入两位数的高增长，城乡收入差距相对缓和地扩大，并于2009年达到最高水平3.6倍，此后城乡收入差距略有缩小，从2008年的3.6倍降到2012年的3.4倍，但仍远高于20世纪90年代水平。总体来看，人民币贬值伴随着城乡收入差距的恶化，而升值伴随着城乡收入差距的缓和。

二、城乡收入差距与居民消费率变化的关系分析

前人理论和实证研究证明了收入分配是影响居民消费及消费结构的重要因素。图5-2给出了1990~2012年中国城乡收入差距和居民消费率的变化趋势，由此可以看出，城乡收入差距与全国居民消费率有着显著的反向变动关系，两者相关系数高达-0.87。具体来看，20世纪90年代初，城乡收入差距恶化，居民消费占GDP比重也从1990年的49%下降到1994年的43%；此后城乡收入不平等状况略有改善，居民消费率逐步止跌回升；2000年后城乡收入差距再次加速恶化，直到2009历史最高水平，消费占比也从2000年的46%一路下跌到2010年的35%；此后伴随着城乡收入不平等程度地缓解，居民消费率也略有回升。

分消费主体看，20世纪90年代起，全国居民消费率的下降主要由农村居民消费下滑引起，两者的相关系数高达93%；而伴随着城乡收入差距的恶化，城镇居民消费占比则从1990年的25%一直上升到2000年的历史高点31%，此后才开始下跌趋势，并于2008年降到26%的低位后止跌回升。

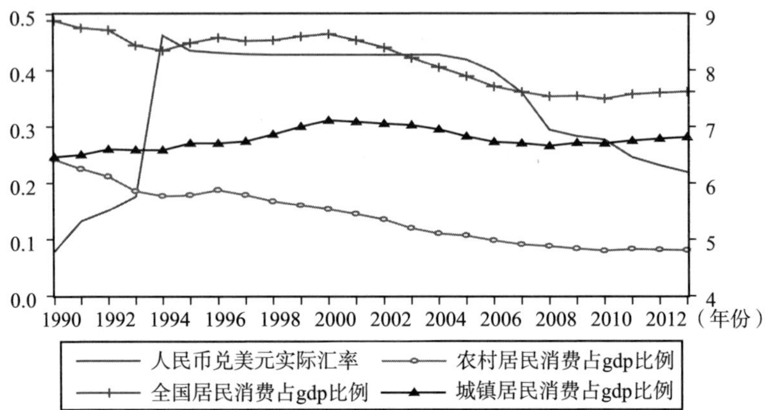

图 5－2　1990～2012 年城乡收入差距、全国居民消费率及城乡居民消费率变化趋势

注：图中横轴表示年份，左坐标轴表示全国、城镇及农村居民消费支出占 GDP 的比例，右坐标轴表示城乡收入差距。

资料来源：万德统计数据库。

三、城乡收入差距与居民消费结构变化的关系分析

图 5－3 和图 5－4 进一步绘出了 2002～2012 年城镇居民和农村居民消费结构变化的历史趋势图。结合图 5－2 可以看出，城乡收入差距对不同居民消费类别有不同影响——城乡收入差距恶化伴随着城乡居民衣着支出、家用服务支出和交通通信支出的明显增长，而文教娱乐支出则呈下降趋势。

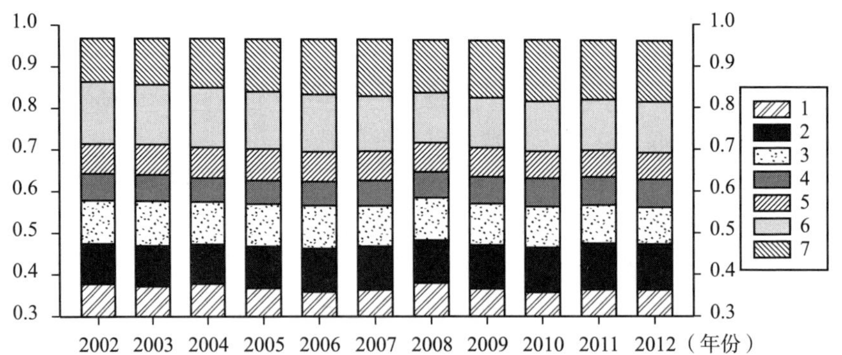

图 5－3　2002～2012 年城市居民消费结构的变化趋势

资料来源：万德统计数据库。

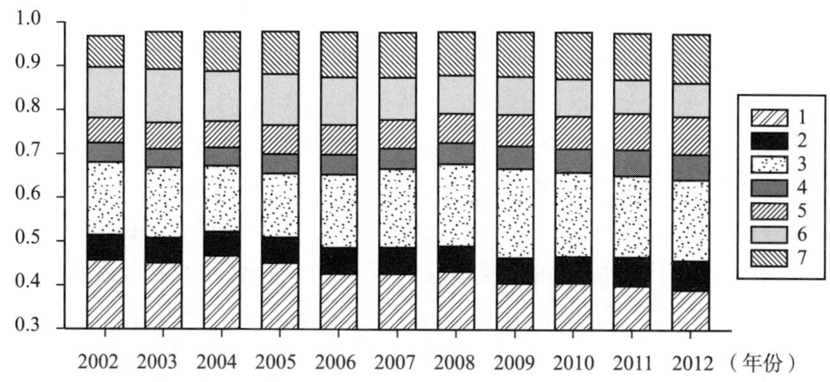

图5－4　2002～2012年农村居民消费结构的变化趋势

注：图中横轴表示年份，纵坐标轴表示各类消费支出占总支出的比例。1代表食品支出；2代表衣着支出；3代表居住支出；4代表家用服务支出；5代表医疗保健支出；6代表文教娱乐支出；7代表交通通讯支出。

资料来源：万德统计数据库。

此外，面对收入差距的变化，城镇居民和农村居民消费结构的变化也存在差异——伴随着城乡收入差距的恶化，城市居民食品支出和居住支出呈下降趋势，其医疗保健支出则呈上升趋势；而城乡收入差距的缓和伴随着农村居民食品支出、居住支出的下降和医疗保健支出的增长。

上述的趋势图分析只能粗浅地反映指标之间的变动关系，接下来本书对人民币汇率变动、城乡收入差距和居民消费之间的相互作用关系及作用效应进行深入细致的实证检验。

第三节　人民币汇率变动、收入分配及居民消费关系的实证检验

一、检验方法说明

本书利用Sobel的中介效应检验（mediation effect test，1982）考察收入分配这一中介因素在人民币汇率变动的消费效应中是否发挥作用及其作用方向和大小。该检验用以评估，在某一变量（人民币汇率变动）对特定被解释变量（居民消费）的影响中，某变量（城乡收入差距）是否发挥

了显著的中介传导效应。中介传导机制的存在需要满足以下条件：一是解释变量（人民币汇率变动）显著影响中介传导变量（城乡收入差距）；二是在不考虑中介变量时，解释变量（人民币汇率变动）显著影响被解释变量（居民消费）；三是中介变量（城乡收入差距）显著影响被解释变量（居民消费）；四是将被解释变量（居民消费）对中介传导变量（城乡收入差距）和初始解释变量（人民币汇率变动）一起回归，如果中介传导渠道确实发挥作用，那么初始变量（人民币汇率变动）的回归系数相比于第二步中的回归系数应显著不同。结合本书研究问题，该检验的示意图如图 5 - 5 所示。

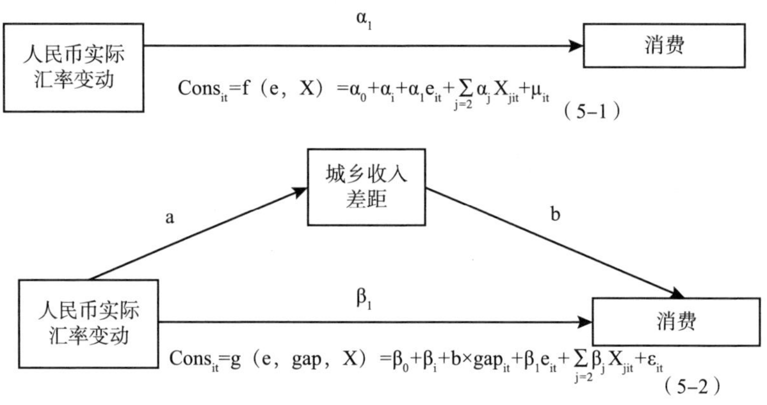

图 5 - 5　收入分配机制的中介效应检验

图 5 - 5 中，α_1 是人民币汇率变动对于消费影响的总效应，而 a 是汇率变动对于城乡收入差距的影响，b 则是城乡收入差距对于消费的影响，β_1 则是包含收入分配这个中介变量后，人民币汇率变动对消费的直接影响效应。如果收入分配这一中介传导渠道确实发挥作用，那么人民币汇率变动的影响效果 β_1 应较 α_1 减小，且系数显著。中介效果的大小可以用总效果 α_1 减去直接效果 β_1 来度量，Sobel 检验的统计量 $z = \frac{ab}{\sqrt{a^2S_b^2 + b^2S_a^2}} = \frac{\alpha_1 - \beta_1}{\sqrt{a^2S_b^2 + b^2S_a^2}}$度量中介效果的显著性，其中，$S_a$、$S_b$ 分别是系数 a 和 b 的标准误差。

二、回归模型和数据说明

本书采用省际年度面板数据模型估计人民币汇率变动对城乡收入差距以及城乡居民消费的影响：

$$Cons_{it} = f(e, X) = \alpha_0 + \alpha_i + \alpha_1 e_{it} + \sum_{j=2} \alpha_j X_{jit} + \mu_{it} \quad (5-1)$$

$$\begin{aligned} Cons_{it} &= g(e, gap, X) \\ &= \beta_0 + \beta_i + b \times gap_{it} + \beta_1 e_{it} + \sum_{j=2} \beta_j X_{jit} + \varepsilon_{it} \end{aligned} \quad (5-2)$$

$$gap_{it} = h(e, X) = \gamma_0 + \gamma_i + a \times e_{it} + \sum_{j=1} \gamma_j X_{jit} + \upsilon_{it} \quad (5-3)$$

其中，下标 i 代表 31 个省（区市），t 代表样本时期，本书主要考察人民币汇率改革后的 2005 年至 2012 年。被解释变量 $Cons_{it}$ 代表消费占比，本书首先考察全国、城镇以及农村居民消费总支出占总产出 GDP 的比重；鉴于现实中不同子类消费支出决定的异质性，本书进一步考察汇率变动对城镇和农村居民消费结构的不同影响——食品消费占比、衣着消费占比、居住消费占比、家庭设备用品及服务支出占比、医疗保健支出占比、交通通信支出占比以及教育文化娱乐服务支出占比。gap_{it} 代表城乡居民收入差距，用城乡居民实际收入比率来度量；e_{it} 是用各省份通胀水平调整后的人民币兑美元实际汇率，回归中取自然对数形式。X 代表其他控制变量，结合有关理论以及前人相关研究文献，此处控制变量主要考虑产出水平（实际产出 Gdp_{it}，回归中取自然对数）、政府财政支出（政府财政支出占产出比例 Gov_{it}）、对外开放度（外商直接投资总额占产出比例 Fdi_{it}）、金融发展（存贷款总额占产出比例 Fin_{it}）和金融抑制情况（经通胀率调整后的实际存款利率 RIR_{it}）、城镇化进程（Urb_{it}）、人口年龄结构（少儿抚养比 $depend_{it}^{child}$ 与老年抚养比 $depend_{it}^{old}$）以及地区发展和民生环境变化（地区发展和民生指数 $Index_{it}$，回归中取自然对数）。

将式（5－3）代入式（5－2），可得：

$$\begin{aligned} Cons_{it} &= (\beta_0 + b\gamma_0) + (\beta_i + b\gamma_i) + (\beta_1 + ab) e_{it} \\ &\quad + \sum_{j=1} (\beta_j + b\gamma_j) X_{jit} + \varepsilon_{it} + b\upsilon_{it} \end{aligned} \quad (5-4)$$

因此，$\beta_1 + ab = \alpha_1$，从而中介效果等于 $ab = (\alpha_1 - \beta_1)$。

式（5－1）至式（5－3）回归所用数据为 2005～2012 年 31 个省（区市）的年度数据，其主要特征值汇总如表 5－1 所示。所用数据来源于万德统计数据库。

表 5－1　　实证检验所用指标的计算方法说明及主要特征值

指标	计算方法	单位类型	均值	中值	标准差
$Cons_{it}^{sum}$	居民家庭人均消费总支出×人口数/GDP	全国	0.2894	0.2869	0.0518
		城镇	0.2165	0.2185	0.0379
		农村	0.0729	0.0724	0.0290
$Cons_{it}^{sp}$	食品支出/消费支出	城镇	0.3730	0.3656	0.0414
		农村	0.5006	0.4856	0.1212
$Cons_{it}^{yz}$	衣着支出/消费支出	城镇	0.1111	0.1131	0.0233
		农村	0.0746	0.0718	0.0219
$Cons_{it}^{jz}$	居住支出/消费支出	城镇	0.0988	0.0987	0.0140
		农村	0.2038	0.2019	0.0410
$Cons_{it}^{jy}$	家庭设备用品及服务支出/消费支出	城镇	0.0617	0.0629	0.0098
		农村	0.0574	0.0554	0.0119
$Cons_{it}^{ylbj}$	医疗保健支出/消费支出	城镇	0.0708	0.0728	0.0160
		农村	0.0856	0.0858	0.0214
$Cons_{it}^{jttx}$	交通通讯支出/消费支出	城镇	0.1276	0.1211	0.0251
		农村	0.1170	0.0058	0.0150
$Cons_{it}^{wjyl}$	教育文化娱乐服务支出/消费支出	城镇	0.1196	0.1175	0.0221
		农村	0.1010	0.0965	0.0308
$\ln(e_{it})$	各省份通胀率调整后的人民币兑美元实际汇率，取自然对数		1.9492	1.9158	0.1007
gap_{it}	城镇居民人均实际可支配收入/农村居民人均实际纯收入		3.0595	2.9427	0.5874
$\ln(Gdp_{it})$	各省份通胀率调整后的实际 GDP		4.2956	4.4539	1.0690
Gov_{it}	财政支出总额/GDP		0.3301	0.3429	0.0577
Fdi_{it}	对外直接投资额×人民币兑美元名义汇率/GDP		0.4124	0.2036	0.5852
Fin_{it}	（存款总额＋贷款总额）/GDP		2.2540	1.6623	3.0007
RIR_{it}	各省份通胀率调整后的一年期存款实际利率		－0.0026	－0.0009	0.0178

续表

指标	计算方法	单位类型	均值	中值	标准差
Urb_{it}	城镇人口/农村人口		1.3646	0.8582	1.5935
$depend_{it}^{child}$	0～14 岁少年儿童人口数 / 劳动年龄人口数		0.2424	0.2432	0.0723
$depend_{it}^{old}$	65 岁以上人口数/劳动年龄人口数		0.1231	0.1236	0.0237
$\ln(Index_{it})$	地区发展和民生指数，取自然对数		3.9823	3.9682	0.2005

资料来源：万德统计数据库。

三、实证方法与初步回归结果

鉴于数据可能存在的组间异方差和截面自相关性，分别运用相似比检验（LR test）和 Pesaran 检验予以验证，检验结果显著拒绝了“不同个体的扰动项方差均相等”，接受了“截面个体之间相互独立”的原假设，证明存在组间异方差性，但不存在截面自相关性。此外，伍尔德里奇（Wooldridge，2002）组内自相关检验拒绝了“不存在一阶自相关”的原假设，表明存在组内自相关。

因此，本书将采用固定效应模型估计系数，并使用“组间异方差，组内自相关”稳健的标准误差，即“面板校正标准误差”（Panel Corrected Standard Errors）模型对式（5－1）至式（5－3）进行估计。主要回归结果汇总如表 5－2 所示。

表 5－2 人民币汇率变动的消费支出效应检验——基于 PCSE 方法

解释变量	被解释变量						
	全国居民消费支出占比（$Cons_{it}^{sum}$）		城镇消费支出占比（$Cons_{it}^{sum}$）		农村消费支出占比（$Cons_{it}^{sum}$）		城乡收入差距（gap_{it}）
	(1)	(2)	(1)	(2)	(1)	(2)	(1)
$\ln(e_{it})$	－0.172*** (0.00)	－0.137*** (0.00)	－0.133*** (0.00)	－0.081*** (0.01)	－0.039** (0.04)	－0.056** (0.04)	－1.406*** (0.00)
gap_{it}		0.025*** (0.00)		0.037*** (0.00)		－0.012*** (0.00)	

续表

解释变量	被解释变量						
	全国居民消费支出占比（$Cons_{it}^{sum}$）		城镇消费支出占比（$Cons_{it}^{sum}$）		农村消费支出占比（$Cons_{it}^{sum}$）		城乡收入差距（gap_{it}）
	（1）	（2）	（1）	（2）	（1）	（2）	（1）
$\ln(GDP_{it})$	-0.167*** (0.00)	-0.168*** (0.00)	-0.116*** (0.00)	-0.118*** (0.00)	-0.051*** (0.00)	-0.051*** (0.00)	0.044 (0.82)
Gov_{it}	-0.025 (0.50)	0.011 (0.75)	-0.068* (0.07)	-0.015 (0.61)	0.043*** (0.00)	0.026*** (0.00)	-1.420*** (0.00)
Fdi_{it}	0.002 (0.53)	0.002 (0.33)	0.004** (0.01)	0.004*** (0.00)	-0.002** (0.01)	-0.002** (0.01)	-0.021 (0.33)
Fin_{it}	-0.005 (0.26)	-0.005 (0.12)	-0.004** (0.04)	-0.004** (0.03)	-0.001 (0.63)	-0.001 (0.66)	0.012 (0.53)
RIR_{it}	0.529*** (0.00)	0.461*** (0.00)	0.412*** (0.00)	0.311*** (0.01)	0.117*** (0.00)	0.149** (0.02)	2.703** (0.04)
Urb_{it}	0.061*** (0.00)	0.063*** (0.00)	0.039*** (0.00)	0.042*** (0.00)	0.022*** (0.00)	0.021*** (0.00)	-0.087* (0.08)
$depend_{it}^{child}$	0.227*** (0.00)	0.273*** (0.00)	0.216*** (0.00)	0.283*** (0.00)	0.012 (0.58)	-0.010 (0.67)	-1.794*** (0.00)
$depend_{it}^{old}$	-0.193 (0.15)	-0.212 (0.12)	-0.221** (0.02)	-0.250** (0.01)	0.028 (0.22)	0.037 (0.13)	0.776** (0.02)
$\ln(Index_{it})$	0.241*** (0.00)	0.291*** (0.00)	0.201*** (0.00)	0.274*** (0.00)	0.040*** (0.00)	0.017 (0.31)	-1.958*** (0.00)
观测值个数	248	248	248	248	248	248	248
调整后拟合优度	0.9426	0.9451	0.9276	0.9385	0.9541	0.9558	0.9664
中介效应 绝对量	0.035**		0.052**		0.017***		—
中介效应 占比（%）	20.35**		39.10**		30.36***		—
Sobel 检验	2.2268 (0.03)		2.3784 (0.02)		2.9096 (0.00)		—

注：中介效应中占比为中介效应占总效应的百分比。括号中的数值为统计量的显著性概率，***、**、*分别表示在1%、5%和10%的水平上显著。

由表5-2的回归结果可以看出，无论是就居民整体，还是分城乡来看，人民币对美元实际汇率变动对居民消费均有显著的负向影响，即人民币升值有利于提高居民消费支出，而贬值则抑制了消费，表明“消费—实际汇率悖论”的成立。

人民币汇率变动具有显著的收入分配效应——贬值缓解了城乡收入不平等，而升值则恶化了城乡收入差距。进一步的 Sobel 中介效应检验显示，收入分配是人民币汇率变动影响居民消费的重要传导渠道——人民币升值恶化了城乡收入分配的不平等，收入差距的扩大提高了城镇居民消费，但遏制了农村居民消费。因此，收入分机制加强了（约占 39%）汇率变动对城镇居民消费的作用效应，但会部分抵消（约占 30%）汇率变动对农村居民消费的作用效应。

其余控制变量的回归系数与理论预期大体一致——实际产出的回归系数为负，反映了投资驱动型经济增长对居民消费的遏制效应；财政支出对农村居民消费有显著的促进效应，反映了财政政策在调节城乡收入再分配方面的有效性；外商直接投资有利于提高城镇居民消费，不利于农村居民，对整体居民消费的影响效应缺乏统计显著性；与投资导向型经济增长战略一致，利率管制抑制了居民消费；城镇化进程的加快和地区民生环境的改善显著刺激了居民消费支出，且对城镇居民消费的刺激效应大于对农村居民的影响；少儿抚养比增长有利于促进居民消费，而老年抚养比上升则抑制消费，但人口结构对农村居民消费缺乏统计显著的影响。

四、稳健性检验——基于 GMM 方法的估计

式（5-1）至式（5-3）估计中很可能存在内生性问题：一方面，消费支出与城乡收入差距和方程中其他解释变量可能会受到相同或相关的冲击，从而使得解释变量与残差相关；另一方面，消费支出也会影响经济增长继而影响收入分配，从而消费支出和收入分配之间存在着双向因果关系。解释变量的内生性，会导致误差项具有序列相关性，故而产生有偏、不一致的估计结果。因此，为保证估计结果的稳健性，防止有偏和非一致性，本书采用动态面板广义矩估计方法（GMM）处理模型变量可能存在的内生性问题。相比于同样处理内生性问题的两阶段最小二乘法和三阶段最小二乘法，GMM 估计不要求扰动项的准确分布信息，允许随机误差项存在异方差和序列相关，是一个稳健估计量。

鉴于差分 GMM 估计可能由于工具变量不足而出现弱工具变量问题，本书采用系统 GMM 估计，利用内生解释变量的水平滞后项和差分滞后项作为工具变量来克服解释变量的内生性问题，对式（5-1）至式（5-3）

的三个方程进行回归，并将主要估计结果汇总如表 5 – 3 所示。

表 5 – 3　人民币汇率变动的消费支出效应检验——基于系统 GMM 方法

解释变量	被解释变量						
	全国居民消费支出占比（$Cons_{it}^{sum}$）		城镇消费支出占比（$Cons_{it}^{sum}$）		农村消费支出占比（$Cons_{it}^{sum}$）		城乡收入差距（gap_{it}）
	(1)	(2)	(1)	(2)	(1)	(2)	(3)
lag_1	0.086 * (0.09)	–0.045 (0.64)	0.129 *** (0.01)	0.130 ** (0.04)	0.221 *** (0.00)	0.207 *** (0.00)	0.365 *** (0.00)
$\ln(e_{it})$	–0.073 *** (0.00)	–0.056 ** (0.05)	–0.080 *** (0.00)	–0.060 *** (0.00)	–0.026 ** (0.04)	–0.038 *** (0.00)	–0.694 *** (0.00)
gap_{it}		0.031 *** (0.01)		0.018 ** (0.02)		–0.018 *** (0.00)	
$\ln(GDP_{it})$	–0.103 *** (0.00)	–0.147 *** (0.00)	–0.087 *** (0.00)	–0.088 *** (0.00)	–0.026 *** (0.00)	–0.033 *** (0.00)	–0.328 *** (0.00)
Gov_{it}	–0.059 *** (0.00)	0.067 (0.50)	–0.056 *** (0.00)	–0.024 (0.21)	0.003 (0.80)	–0.017 (0.24)	–1.030 *** (0.00)
Fdi_{it}	–0.003 (0.54)	0.004 (0.57)	0.004 (0.14)	0.005 * (0.07)	–0.002 (0.21)	–0.003 * (0.07)	–0.069 *** (0.00)
Fin_{it}	–0.004 *** (0.00)	–0.009 (0.13)	–0.009 *** (0.01)	–0.003 *** (0.00)	–0.001 (0.24)	–0.0005 (0.52)	–0.003 (0.63)
RIR_{it}	0.417 *** (0.00)	0.286 *** (0.00)	0.331 *** (0.00)	0.293 *** (0.00)	0.112 *** (0.00)	0.155 *** (0.00)	3.003 *** (0.00)
Urb_{it}	0.049 *** (0.00)	0.081 *** (0.00)	0.046 *** (0.00)	0.049 *** (0.00)	0.012 *** (0.00)	0.018 *** (0.00)	0.151 *** (0.00)
$depend_{it}^{child}$	0.341 *** (0.00)	0.290 *** (0.00)	0.102 *** (0.00)	0.103 ** (0.01)	0.062 *** (0.00)	–0.0002 (0.85)	–0.684 *** (0.00)
$depend_{it}^{old}$	–0.046 (0.44)	0.175 (0.32)	–0.004 (0.95)	0.011 (0.90)	0.021 (0.37)	0.033 (0.27)	0.222 (0.58)
$\ln(Index_{it})$	0.162 *** (0.00)	0.299 *** (0.00)	0.142 *** (0.00)	0.162 *** (0.00)	0.017 (0.22)	–0.006 (0.59)	–0.441 ** (0.04)
观测值个数	248	248	248	248	248	248	248

续表

解释变量		被解释变量						
		全国居民消费支出占比（$Cons_{it}^{sum}$）		城镇消费支出占比（$Cons_{it}^{sum}$）		农村消费支出占比（$Cons_{it}^{sum}$）		城乡收入差距（gap_{it}）
		（1）	（2）	（1）	（2）	（1）	（2）	（3）
Sargan 检验		0.2622	0.5727	0.1933	0.1610	0.1410	0.1932	0.4317
Abond（2）		0.2064	0.2749	0.2265	0.1822	0.1208	0.1334	0.3628
中介效应	绝对量	0.017**		0.02**		0.012***		—
	占比（%）	23.29**		25**		31.58***		—
Sobel 检验		2.4485 （0.01）		2.4791 （0.02）		3.5169 （0.00）		—

注：lag_1 代表方程中被解释变量的一阶滞后。系统 GMM 估计结果中，Sargan 检验用于判断估计过程中是否存在过度识别约束，原假设为模型中工具变量的选取是有效的，如果不能拒绝原假设，就意味着工具变量的设定是恰当的。Abond（2）检验用于判断差分方程的残差项是否存在二阶序列相关，原假设为差分方程的残差项不存在序列相关。中介效应中的占比为中介效应占总效应的百分比。括号中的数值为统计量的显著性概率，***、**、* 分别表示在 1%、5% 和 10% 的水平上显著。

由表 5－3 GMM 方法的估计结果可以看出，Sargan 检验统计量和 Abond（2）检验统计量均不显著，即两个检验都应该接受原假设，说明系统 GMM 估计中工具变量是有效的，而且差分方程残差项不存在序列相关，从而证明模型设定的合理性和工具变量的有效性。

对比表 5－2“面板校正标准误差”方法的估计结果，可以看出，系统 GMM 估计方法下，人民币实际汇率变动对城乡收入差距及居民消费均有统计显著的负向影响，各变量的显著程度和回归系数没有实质性变化，印证了回归结果的稳健性；基于 GMM 回归结果的 Sobel 中介效应检验也具有显著性和一致性。

五、分类别消费支出的检验结果

考虑到汇率变动对不同子类消费支出作用效应的异质性，仅考察汇率变动对总体消费支出的影响效应可能会抹杀分类指标对汇率变动的反应差异。因此，接下来本书进一步分消费类别，运用面板校正标准误的固定效应模型，检验人民币汇率变动对城镇和农村居民消费结构的影响，并评估收入分配机制的中介传导效应。主要回归结果汇总如表 5－4 所示。

表 5－4　人民币汇率变动对居民消费结构的影响——分类别检验

解释变量		食品支出占比				衣着支出占比				居住支出占比				家用服务支出占比	
		城镇		农村		城镇		农村		城镇		农村		城镇	
		(1)	(2)	(1)	(2)	(1)	(2)	(1)	(2)	(1)	(2)	(1)	(2)	(1)	(2)
$\ln(e_{it})$		−0.214*** (0.00)	−0.263*** (0.00)	−0.499*** (0.00)	−0.342*** (0.00)	0..013 (0.40)	0.011 (0.48)	0.028* (0.07)	0.030* (0.06)	−0.030 (0.18)	−0.038* (0.07)	−0.106 (0.20)	−0.105 (0.22)	−0.027** (0.02)	−0.020** (0.04)
gap_{it}		—	−0.035*** (0.00)	—	0.111*** (0.01)	—	−0.001 (0.75)	—	0.002 (0.74)	—	−0.006 (0.35)	—	0.0002 (0.89)	—	0.005*** (0.00)
调整后拟合优度		0.9253	0.9332	0.8925	0.9018	0.9509	0.9507	0.9416	0.9414	0.7382	0.7388	0.5219	0.5196	0.8239	0.8263
中介效应	绝对量	0.049***		0.157**		—		0.002		—		—		0.007**	
	占比(%)	18.63**		31.46**		—		6.67		—		—		25.93**	
Sobel 检验		2.6041 (0.01)		2.0424 (0.04)		—		0.3276 (0.74)		—		—		2.2810 (0.01)	

解释变量	家用服务支出占比		医疗保健支出占比				交通通讯支出占比				文教娱乐支出占比			
	农村		城镇		农村		城镇		农村		城镇		农村	
	(1)	(2)	(1)	(2)	(1)	(2)	(1)	(2)	(1)	(2)	(1)	(2)	(1)	(2)
$\ln(e_{it})$	0.020 (0.22)	0.013 (0.43)	0.007 (0.66)	0.007 (0.65)	0.042 (0.10)	0.042 (0.12)	0.124*** (0.00)	0.163*** (0.00)	−0.007 (0.82)	−0.002 (0.95)	0.159*** (0.00)	0.167*** (0.00)	0.133*** (0.00)	0.113*** (0.00)
gap_{it}		−0.005** (0.01)		0.0004 (0.90)		−0.0002 (0.96)		0.028*** (0.00)		0.004 (0.60)		0.006 (0.38)		−0.014** (0.02)

续表

解释变量		家用服务支出占比		医疗保健支出占比				交通通讯支出占比				文教娱乐支出占比			
		农村		城镇		农村		城镇		农村		城镇		农村	
		(1)	(2)	(1)	(2)	(1)	(2)	(1)	(2)	(1)	(2)	(1)	(2)	(1)	(2)
调整后拟合优度		0.8673	0.8688	0.8991	0.8986	0.8493	0.8486	0.8566	0.8704	0.5705	0.5691	0.8802	0.8806	0.8670	0.8688
中介效应	绝对量	—		—		—		0.039***		—		0.008		0.02*	
	占比（%）	—		—		—		23.93***		—		4.79		15.04*	
Sobel 检验		—		—		—		2.5763 (0.01)		—		1.0775 (0.28)		1.8316 (0.06)	

注：*lag*_1 代表方程中被解释变量的一阶滞后。系统 GMM 估计结果中，Sargan 检验用于判断估计过程中是否存在过度识别约束，原假设为模型中工具变量的选取是有效的，如果不能拒绝原假设，就意味着工具变量的设定是恰当的。Abond(2) 检验用于判断差分方程的残差项是否存在二阶序列相关，原假设为差分方程的残差项不存在序列相关。中介效应中的占比为中介效应占总效应的百分比。括号中的数值为统计量的显著性概率，***、**、*分别表示在1%、5%和10%的水平上显著。

表5-4汇总的检验结果印证了人民币汇率变动对分类别消费支出影响效应的异质性。具体来看，人民币汇率变动对居民食品消费支出有显著的负向影响，即人民币贬值遏制了食品支出，升值则促进了食品消费。由于食品支出在城乡居民消费中占比最大，该结论与总体居民消费的检验结果是一致的。Sobel中介效应检验印证了收入分配在汇率变动对食品消费作用效应中的重要性——人民币升值扩大了城乡收入不平等，而收入差距扩大降低了城镇居民的食品消费支出，因此收入分配部分抵消了汇率升值对城镇居民食品消费的促进效应；城乡收入差距扩大刺激了农村居民的食品消费，因此收入分配结构加强了人民币升值对农村居民食品消费的促进效应。

在汇率变动对城镇居民家用服务支出和交通通信支出以及农村居民文教娱乐支出的影响效应中，收入分配因素也发挥着重要的中介传导作用。人民币升值扩大了城乡收入差距，而收入差距扩大提高了城镇居民的家用服务支出和交通通信支出，因此收入分配因素加强了人民币升值对城镇居民家用服务支出的促进效应，但部分抵消了升值对城镇居民交通通信支出的抑制效应。由于城乡收入差距扩大抑制了农村居民文教娱乐支出，因此收入分配机制加强了人民币升值对农村居民文教娱乐消费的抑制效应。

此外，人民币汇率变动对城镇居民的文教娱乐消费和农村居民的衣着消费有显著正向影响，但收入分配因素的中介效应不显著；而人民币汇率变动对居住支出和医疗保健支出缺乏统计显著的影响。

六、研究总结

鉴于人民币汇率制度改革对收入分配可能产生的显著影响，本书将收入分配因素引入到人民币汇率变动的消费效应的评估中，利用汇改后的省际年度面板数据模型估计和Sobel中介效应检验，实证考察了人民币实际汇率变动对城乡居民消费的影响效应及收入分配机制的中介传导作用。通过实证检验，主要得到以下几点结论：

第一，人民币对美元实际汇率变化对居民消费率有显著的负向影响，即人民币升值有利于提高城乡居民的消费支出，而贬值则抑制了消费。这一结论与前文的历史事实分析相符，与傅章彦（2008）、陈国进等（2010）等国内学者的实证研究结论也是一致的，进一步表明“消费—实际汇率悖论”在中国的成立。

理解该结论，需梳理和比较人民币汇率变动对国内消费的作用渠道。以升值为例，人民币升值降低了进口消费品的本币价格，刺激了进口，从而对国内替代品的消费形成抑制作用（进出口效应）；人民币升值通过影响进口中间品价格，有利于降低国内生产价格和消费价格，从而鼓励居民消费（汇率传递效应）；人民币升值，尤其是升值预期有利于吸引资本流入，助涨了国内股市、楼市等资产价格，从而通过财富效应刺激居民消费（财富效应）；人民币升值具有收入分配效应，城乡收入不平等的恶化鼓励了城镇居民消费（收入分配效应）。

从经济运行现实看，中国当前进口消费品以汽车、食品烟酒和医疗保健用品为主，国内商品的替代程度较低，人民币升值的进口刺激效应对国内商品消费的挤出效应较弱[①]。相比较来看，汇率传递效应、财富效应、收入分配效应等机制的作用效应更显著，从而呈现“消费—实际汇率悖论”。

第二，人民币汇率变动会显著影响城乡居民消费结构的调整——汇率变动对食品支出和家用服务支出具有负向影响，而对交通通信支出和文教娱乐支出具有正向影响，因此，人民币贬值有利于消费结构由“生存型消费”向“享受型消费”的升级，而升值不利于消费结构的升级。该结论与王倩等（2012）的研究结论一致，其研究认为人民币升值刺激了可贸易品的消费需求，抑制了非可贸易品的消费。

袁志刚等（2009）的实证研究证实了价格水平对居民消费结构的重要影响。人民币升值对食品、家用设备等可贸易品的价格抑制效应大于对交通通信和文教娱乐等不可贸易品的价格传递效应，因此，从汇率传递机制来看，人民币升值有利于“生存型消费”、不利于“享受性消费”。此外，本书实证结果则证明了收入分配因素在汇率变动消费效应中的重要性，人民币升值恶化了城乡收入差距，城乡收入差距的扩大提高了农村居民的食品支出、降低了文教娱乐支出，不利于农村居民消费结构的升级。

第三，收入分配机制是人民币汇率变动影响城乡居民消费率和消费结构的重要中介传导渠道。

具体来说，人民币升值恶化了城乡收入分配的不平等，收入差距的扩大提高了城镇居民消费率，但遏制了农村居民消费。因此，收入分配因素加强了汇率变动对城镇居民消费的作用效应，但会部分抵消汇率变动对农

---

① 陈国进等（2010）估计的进口商品消费和国内商品消费的替代弹性仅为0.066。

村居民消费的作用效应。此外，收入分配因素的中介传导效应在汇率变动对城乡居民食品消费支出、城镇居民的家用服务支出和交通通信支出以及农村居民的文教娱乐支出作用效应中同样显著。

汇总本书主要结论，可以看出，人民币升值有利于提升城乡居民的消费率，推动消费驱动型经济增长，但对于居民消费结构的升级则有不利的影响。在汇率变动的消费效应中，收入分配因素发挥着重要的中介传导作用，尤其是这一中介机制抑制了人民币升值环境下农村居民消费率的提升和消费结构的升级，因此需要综合运用汇率政策、财政政策、金融政策等多种手段的搭配推动消费驱动型经济增长模式的转变和居民消费结构的升级。

下篇

人民币汇率决定的政治经济学分析

第六章

人民币汇率决定的政治经济学分析

汇率决定一直是国际金融研究的热点和难点问题，相关研究主要着眼于两条主线。传统的汇率决定理论侧重于考察宏观经济变量（物价、利率、货币供给、国际收支等）对中长期汇率趋势的影响，另一条主线则由宏观经济基本面转向微观层面因素，如外汇市场结构、市场参与者异质性特征、市场运行机制等，基于外汇交易高频数据解析汇率短期变动趋势。这些汇率模型均沿袭了传统经济学研究范式，强调了众多追求效用最大化目标的微观主体合成的市场供求对汇率变动的决定作用，假设各个微观主体只能被动接受汇率变动的影响，忽略了异质个体对汇率政策选择的主观能动性影响。

现实中，汇率变动不但会影响进出口、产出、投资等宏观经济总量，而且还有显著的收入分配效应，汇率变动对国内外不同行业部门和地区的异质主体会产生非对称性影响，因此，具有不同汇率偏好的微观主体不会被动接受既定的政策安排，而是积极主动地开展试图影响政府的汇率决策的相关活动，汇率制度就是社会不同部门和集团的利益博弈的结果。现实中，汇率政策的制定以及汇率制度的选择不仅仅是一个经济问题，国际间的政策合作与协调、世界货币地位的角逐、国际金融机构等都会影响汇率制度变迁和汇率变动，无视政治因素在汇率决定中的作用，势必影响汇率预测的可靠性，正如麦金农和大野健一（Mckinnon and Ohno，1997）研究指出的，传统汇率理论失效的原因在于其忽略了政治压力对国际贸易活动和国际金融研究的重要性。在此背景下，20 世纪 90 年代起，政治因素被学者陆续引入汇率决定理论中，汇率决定的政治经济学研究应运而生并迅速发展成为汇率决定理论的重要新兴分支。

1994 年迄今，人民币汇率制度的市场化改革已经取得了巨大进展，市场机制在汇率决定中的重要性不断提升，但政府政策意志和央行外汇干预在人民币管理浮动汇率制度下对汇率决定仍然发挥着不容忽视的影响，从而凸显了汇率政治经济学分析对人民币汇率走势研究和预测的重要意义。总体来看，人民币汇率的政治经济学研究目前尚处于起步阶段，现有研究大多集中于国际间的政策合作与协调，尤其是中美两国的政策博弈对人民币弹性汇率制度改革和汇率决定的影响，对国内政治因素的作用尤其是各利益主体汇率偏好研究相对较少。近年来，中国国际收支双顺差格局发生了根本性转变，贸易顺差自 2011 年起已降至 3% 国际公认的贸易失衡边界线以下，资本和金融项目由以往的持续顺差转为近两年来的逆差，国际收支逐渐形成自主性平衡的新格局。随着人民币汇率逐步趋于均衡合理水平，国际政治因素对汇率决定的影响力大幅减弱，而国内各利益主体在基于各自不同的汇率偏好而积极展开的博弈在未来汇率制度选择和人民币汇率双向波动趋势中将发挥愈来愈重要的作用。本书旨在着眼于汇率决定的政治经济学视角，着重考察国内不同商业利益团体汇率偏好的动态变化及其在改革开放后两次人民币汇率制度改革中的作用，以丰富和发展人民币汇率决定的政治经济学研究，并为将来人民币汇率决定理论的发展和完善提供思路和线索。

第一节　人民币汇率决定的政治经济学分析

一、汇率变动利益得失的理论分析

按照汇率经济学理论，货币贬值对可贸易的制造业企业最有利，一方面，低估的货币降低了出口产品的国际价格，从而提升了企业在国际市场的竞争力；另一方面，贬值还提高了进口品的国内价格，有助于提高贸易企业的国内市场份额。现实中，贬值对贸易企业的具体影响取决于产品差异化程度。布罗斯和弗瑞登（Broz and Frieden，2001）研究指出，从本币贬值中获益最大的是生产初级、无差异贸易品的企业，因为此类企业主要从事价格竞争，而计算机、电子设备等差异化产品生产企业则获益有限，因为此类产品售价对汇率变动的敏感度较低。

本币贬值对制造业企业也会产生不利影响。一是贬值会增加中间品进口成本，从而大幅提高零配件进口依赖度较高的汽车、电子设备制造等行业的生产成本，抵消其从贬值中的获益（Frieden et al.，2000；Walter，2008）。二是贬值往往会加重企业的外债负担，尤其新兴市场国家的企业对海外外币借款的依赖度更高，货币贬值经常成为债务危机的导火索（Galindo et al.，2003）。三是贬值还会加重企业的国内融资成本。卡尔沃等人（Calvo et al.，1996）指出，为了保持本币低估，一国的中央银行往往需要进行冲销式外汇干预，买入外汇并卖出本国债券，这会提高国内市场利率，高企的利率意味着企业融资负担加重，对于资本密集型企业尤为不利。四是政府往往采用紧缩性财政政策以应对本币低估带来的通胀压力（Calvo et al.，1996；Cuddington，1989），财政支出的下降、税率的提高会损害企业利润。

总体来看，本币贬值对于可贸易的制造业企业也是一把“双刃剑”，一方面，贬值增强了企业的国际竞争力，但另一方面，贬值也加重了中间品进口成本和外债负担，推高了国内融资利率和税率，生产成本的上升会削弱企业市场竞争力。因此，贬值对于制造业企业的净影响存在不确定性，不同企业的汇率偏好因内外部经济环境而异。

二、人民币汇率制度变迁的政治经济学动因分析

汇率制度的选择本质上是一个政治经济学问题。从宏观层面来说，汇率制度要服务于一国经济增长战略以保障政府经济增长目标的实现；从微观层面看，汇率变动通过影响要素资源配置，调节国国内外部门和不同地区的发展不平衡与居民收入分配，关乎着不同利益主体的利益得失。改革开放前我国实行的计划经济体制强化了中央政府权威，保证了政治经济文化高度一体化。鉴于中国各利益主体主要形成于改革开放后，本书主要梳理改革开放以来的两次人民币汇率制度改革和汇率变迁历史，进而深入探讨不同各利益主体汇率偏好和汇率博弈在汇率制度选择中的作用。

改革开放初期，国内居民收入水平较低，无法依赖内需实现经济快速增长，唯一可以诉诸的方法就是通过政府主导的投资来拉动经济。高投资需要高储蓄，进一步压制了国内消费，过剩生产力只能靠外部需求来化解。在此背景下，20 世纪 80 年代末中国确立了出口导向型经济增长战略，而保障该战略目标的实现、促进经济增长，正是 1994 年人民币外汇管理

体制改革的政策动因。1994 年 1 月 1 日，中国人民银行宣布将当时并行的人民币官方汇率与市场汇率并轨，实行以市场供求为基础的、单一有管理的浮动汇率制度，并轨后的人民币汇率由 1993 年底的 5.80 元/美元调整为 1994 年 1 月 1 日的 8.70 元/美元，一次性贬值 50%。

总体来看，1994 年的汇改，符合中国从计划经济向社会主义市场经济转轨的总体战略规划，通过汇率并轨和配套改革，实现了外汇从企业到商业银行再到中央银行的集中，人民币汇率在一次性大幅贬值的基础上保持了长期的稳定，有利推动了出口导向型经济的快速增长，同时持续的国际收支双顺差和由此累积的外汇储备也加大了中国政府重估人民币价值的国内外政治压力。一方面，国际收支长期失衡加剧了中国和主要伙伴国之间的贸易摩擦，引发欧美等发达国家对人民币汇率长期低估的批评和政治施压；另一方面，人民币汇率低估水平上的长期固定，扭曲了要素资源配置，加剧了地区间、部门间和产业间的发展不平衡和利益冲突，出口和投资拉动型经济增长模式的积弊渐深，汇率制度改革的国内压力也日益增大。

面对国内外政治压力，2005 年 7 月 21 日，中国政府启动了新一轮汇率制度改革，人民币汇率不再钉住单一美元，而是实行以市场供求为基础、参考“一篮子货币”进行调节、有管理的浮动汇率制度。汇改后的人民币汇率走向主要有两种选择，从其升值的长期趋势来看，可以选择大幅升值一步到位，也可选择小幅升值、逐渐达到由市场外汇供求来决定均衡汇率。考虑到中国需要稳定的国内外环境推进市场经济改革，小幅渐进升值配合资本管制政策成为决策者的最终选择。汇改后，除了 2008 年下半年至 2010 年 6 月，因国际金融危机影响，人民币暂停了升值趋势而重返钉住美元的汇率固定，汇改以来的大部分时间人民币汇率基本保持了小幅升值态势，截至 2014 年初，人民币兑美元累计升值 27%。总体来看，汇改后人民币的持续小幅升值改善了国际收支失衡的状况，缓解了中国在贸易和汇率问题上面对的国际社会压力。2012 年国际货币基金组织发布的《中国经济和金融政策的年度报告》称中国货币被“轻微低估”，该表述意味着人民币汇率已接近合理均衡水平。就国内来看，伴随着人民币汇率弹性的增强，经济增长方式的转型取得一定进展，自 2014 年起消费成为经济增长第一驱动力，同时人民币升值也带来了收入再分配效果，设备和原材料进口企业、以房地产业和金融业为代表的服务业受益于本币升值获得了较快发展，出口制造业则因汇率变动的不利影响而国际竞争力下降，倒逼了出口企业的转型升级。

汇率制度的选择不但要服务于政府总体的政策目标，还需兼顾政府政策工具的有效性。固定汇率制虽然可以为贸易投资创造稳定的外部环境，提升货币当局的信誉，但在资本开放的背景下势必会牺牲国内货币政策的自主性，而浮动汇率制则赋予政府以独立的货币政策工具。1994 年的人民币汇率制度改革是在资本管制的环境下推出的，严格的资本管制确保了央行货币政策的独立性，也帮助中国政府有效抵御了类似 1997 年亚洲金融危机的外部冲击。随着中国于 2001 年底加入世界贸易组织，金融领域对外开放进程加快，资本管制力度逐渐放松，相应地，资本流动规模也有了显著增长。在此背景下，中央银行维持货币政策独立性而进行外汇冲销干预的成本越来越高，难度越来越大。通过增强汇率弹性而缓解“三元悖论”的约束、提高开放背景下央行货币政策的自主性，是 2005 年人民币弹性汇率制度改革另一个重要的政策动因。

三、各利益主体的汇率偏好与人民币汇率制度改革

改革开放直至 1994 年汇改前，中国的各利益主体利益诉求相对简单和集中，这一时期经济决策领域主要有两大利益主体——国有企业和外商投资企业，其汇率偏好是 1994 年人民币汇率制度改革的重要影响因素。随着对外开放和政治经济体制改革的深入，我国的所有制性质、经济组织形式、就业方式和分配方式等日益多样化，社会阶层不断细分，不同群体和集团间的利益分化加剧，汇率决定中的利益主体博弈呈现多元化和复杂化趋势。

（一）国有企业的汇率偏好分析

国有企业因其在中国经济中的支配和主导地位，一贯与政府有着密切关联，他们或者利用与政府主管部门的种种联系，或者凭借对规则的娴熟运作，在信贷供给、市场准入、法律保护等诸多方面影响着政府决策，为自己在政策制定中攫取最大化利益。回顾改革开放后人民币汇率制度变迁历史，同样可以发现国有企业的利益偏好在汇率政策决策中发挥的重要作用。基于数据统计的可得性，本书绘出了 1995 ~ 2016 年国有企业进出口差额和贸易占比，如图 6 – 1 所示。

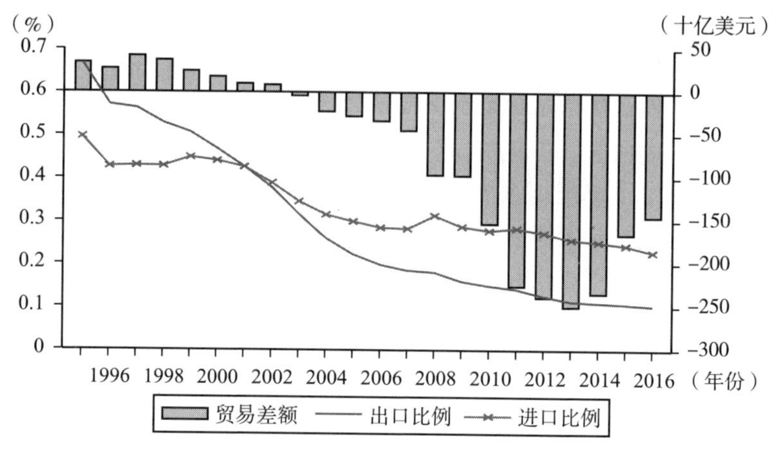

图 6-1 国有企业进出口差额和贸易比例

注：左坐标轴代表国有企业进（出）口占进（出）口总额的比例，右坐标轴代表贸易差额，单位为十亿美元。

资料来源：中经网统计数据库。

改革开放初期，为解决外汇储备短缺的困境，国有企业通过垄断经营承担起了为国家出口创汇的重任。如图 6-1 所示，直到 20 世纪末，国有企业一直都是出口创汇的主体，占全国出口总额的一半以上，且在 2003 年以前一直呈持续的贸易顺差。同时，该时期中国实行严格的外债管制，外债筹借主要由财政部和境内国有金融机构承担，然后转贷给国内企业，债务结构也以中长期外债为主，因此国有企业的外币负债规模总体有限，汇率变动对其外债偿付能力的影响不大。综合来看，本币贬值有助于该时期国有企业的出口贸易和进口替代，而低估水平下的固定汇率制度最符合国有企业的汇率偏好，使其成为 1994 年人民币汇率制度改革的重要推动力量。

1994 年汇改前，政府主要通过外汇留成、优惠利率、出口退税等措施给予外贸企业以政策鼓励和倾斜，并将出口创汇纳入指令性计划作为考核企业绩效的重要指标。这些鼓励措施在激励企业出口增长的同时，也带来一系列负面效果。一方面，官方汇率与外汇调剂市场上的调剂价格并存，扰乱了外汇市场秩序，助长了投机，而且使得企业外汇业务的核算与管理越来愈复杂化，人民币双轨制的弊端随着改革开放的深入而逐渐加深。另一方面，出口企业为了完成创汇的指令性计划以获取留成额度，竞相压价、亏损出口，经济效率低下。这些问题凸显了人民币汇率制度和外汇管理体制改革的必要性和迫切性。在此背景下，1994 年初，双重汇率并轨为单一汇率，在上海外汇交易中心建立集中的银行间外汇市场以取代分散的外汇调剂市场，外汇市场供求成为汇率决定基础，取消外汇留成制度。1994 年汇改中人民币一次性大幅贬值，极大提升了国有企业的出口竞争力，外汇储备大幅增长，清理了双重汇率制度下混乱的外汇秩序。外汇留成制度被废除，令企业指令性计划负担大为缓解，包括国有企业和外商投资企业在内的出口创汇企业，按统一的市场汇率买卖外汇，扩大了用汇企业的自主权，而且手续的简化加快了资金运转，有利于外贸企业准确核算成本。

进入 21 世纪后，出口创汇主体由国有企业转向了外资和私营企业，如图 6－1 所示，自 20 世纪 90 年代中期起，国有企业的出口占比迅速下降，2005 年后更跌至 20% 以下，而进口占比则呈缓慢下降趋势，大体稳定在 30% 上下。2003 年起，国有企业贸易由净出口转为净进口，其对汇率的总体偏好由本币贬值相应地转向本币升值。

有别于 20 世纪 90 年代，随着对外开放和经济体制改革的深化，2000 年后各利益主体的发展愈加呈现出多元化趋势。1999 年党的十五届四中全会做出决定，逐步使国有经济从竞争性领域退出，此后，国企改革步伐加快，战略布局上从一般性生产加工、商贸服务等劳动密集型的竞争性领域逐步转向金融、能源、通信、基建等资本密集型的行业和国民经济支柱性行业。为支持和加快国企改革，外债管制逐步放松，尤其是针对外债余额 1 亿美元以上或外债占全部债务比例在 40% 以上的国有大中型企业，国家外汇管理局实施了一系列外债管理的优惠措施，包括鼓励资信较好且具备一定条件的国有大中型企业发行外币债券，允许企业办理以还债为目的的远期购汇，等等。由图 6－2 所给出的按部门分类外债比例看，中资企业整体的外债比例自 20 世纪 90 年代后期以来一直呈下跌趋势。2015 年搜狐财经数据统计显示，中国非金融上市公司的外币负债，81% 来自收入最多的 200 家大型企业和国有企业，其中前 50 家企业的负债总额已经占外币负债总额的 52% 。不同于出口导向性的加工制造业，资本密集型的大型国有企业对本币汇率高估有强烈偏好，以此来降低技术进口和对外融资的成本，国有经济实力逐渐向大型企业的集中，成为 2005 年人民币弹性汇率制度改革的重要推力。对于少数因人民币升值和汇率波动而受损的国有贸易企业，政府一方面通过控制货币升值幅度来缓解其负面冲击，另一方面则通过出口补贴、税收折扣、宽松货币政策和优惠信贷等手段予以利益补偿，以换取其对人民币弹性汇率制度改革的支持。斯坦伯格和施（2012）研究指出，出口补贴、优惠贷款等商业政策要比货币贬值更有利于出口部门，尤其是进口中间品占出口比重较高时。

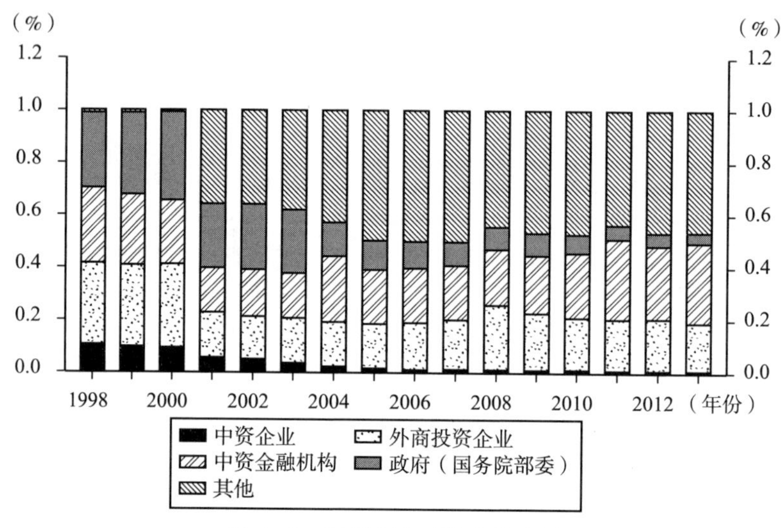

图 6－2　按部门分类的外债比例

注：基于本书研究目的，图中主要列出了中资企业、中资金融机构、外商投资企业、政府（国务院部委）和其他部门的外债比例，其他部门包括了外资金融机构、企业间贸易信贷和其他。此处外债指的是境内机构对非居民承担的以外币表示的债务，2014 年起外债统计口径进行了调整，将人民币外债纳入了统计范围内，故此处数据截止到 2013 年。

资料来源：国家外汇管理局网站。

（二）外商投资企业的汇率偏好分析

外商直接投资是中国改革开放的产物，改革开放初期，为吸引外商投资，中国政府在税收、进出口经营权以及外汇管理等方面给予外资企业一系列“超国民待遇”优惠。政府招商引资的热情和对外资企业的优待，体现了改革开放初期外资企业对政府经济决策，包括 1994 年人民币汇率制度改革的重要影响力。1994 年人民币汇率并轨前，官方汇率和外汇市场调剂价并存导致的同币不同价，滋生了寻租机会，有违公平竞争原则，抑制了外商投资积极性。按照规定，外资企业的外币出资需以缴款当日的官方汇率折算成人民币，官方汇率与市场调剂汇率差距的扩大会损害外汇出资人的利益，或促使其以非法渠道高价卖出外汇换成人民币进行投资。例如，1988 年中国政府取消了对外汇调剂价格的限制，令其由市场供求来调节，国内通胀压力导致该年调剂汇率高出官方汇率73%，令外商在出资和利润分配阶段均遭受利益损失，随后两年外商直接投资增速由两位数迅速降至个位数。1993 年国内经济过热和通胀压力再次扩大了市场调剂汇率与官方汇率的差距，汇率并轨改革成为优化招商引资环境、推动经济对外开放的必然制度选择。

1994 年人民币汇率并轨和此后人民币在一次性大幅贬值水平上的长期固定，有利推动了发达国家和地区出口导向型外商直接投资的持续流入。这些跨国企业主要利用国内廉价的劳动力优势从事加工制造业贸易，人民币低估水平上的长期固定为其营造了公平稳定的外部环境，提升了企业的出口竞争力，如图 6 – 3 所示，外资企业出口占出口总额的比例由汇改后 1995 年的 31. 5% 持续上升至 2005 年 58. 3% 的历史高位，其进口比例大体稳定在 45% ~60% 的区间内。随着出口的增长，20 世纪末外资企业贸易余额由逆差转为顺差且顺差规模持续扩大，2005 年以来，其对贸易顺差的贡献度达到 50% 以上。

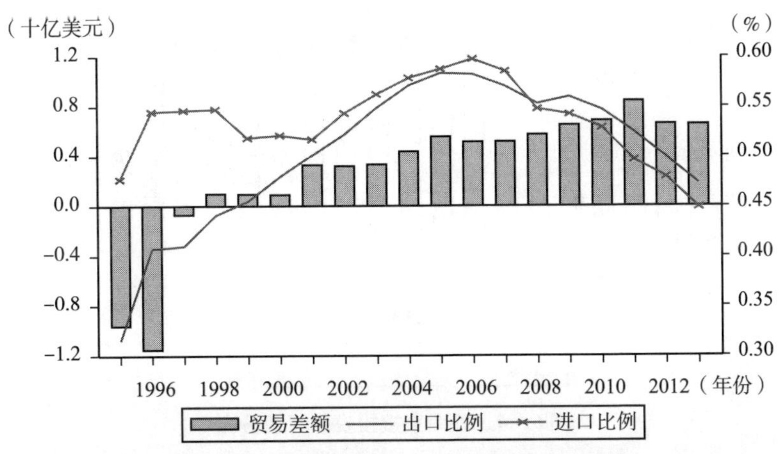

图 6 – 3 外商投资企业进出口差额和贸易比例

注：右坐标轴代表外资企业进（出）口占进（出）口总额的比例，左坐标轴代表贸易差额。
资料来源：中经网数据库。

2000 后，随着中国经济实力的增强，利用外资的总体环境发生了深刻变化，针对外资企业的超国民待遇陆续被取消。同时，中央政府将招商引资的权力逐步下放给各省（区市），外资企业将政治游说活动的目标重点转向了地方政府，以获取当地政府在土地资源、税收优惠、银行信贷等方面提供的优惠待遇和政策支持。进入21世纪后面对汇率制度改革的冲击，外资企业更多的是被动应对以适应环境变化。

2005年人民币弹性汇率制度改革后，汇率波动的加大及人民币持续小幅升值的趋势打击了出口导向型经济，迫使外资企业由劳动密集型的加工制造业向市场导向型的资本和技术密集型行业转型升级。如图6－4所示，制造业领域的外商直接投资占比从2004年71%的历史高位迅速下跌，截至2015年外资企业在该领域的投资比例已降至31%。与此同时，市场导向型外资企业则从人民币升值中收益，批发零售业和租赁与商务服务业的外商直接投资占比一直呈上升趋势。受益于人民币升值预期和房地产价格的上涨，2005年后房地产业的外商直接投资显著增长，大约占比20%以上，成为仅次于制造业的第二大外商投资行业。

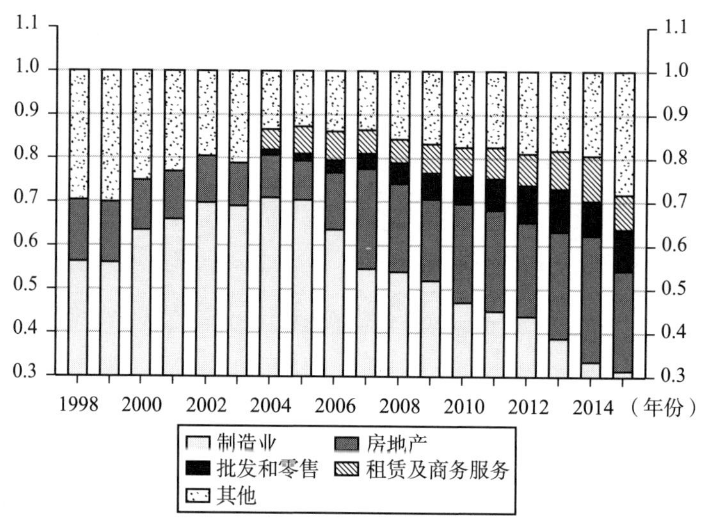

图6－4　外商直接投资的行业分布

注：基于本书研究目的，图中主要列出了1998～2015年制造业、房地产业、批发与零售业、租赁和商务服务业共四个主要行业外商直接投资占总投资的比例。其中，批发零售业和租赁与商务服务业的数据始于2004年。

资料来源：中经网统计数据库。

（三）社会公众的汇率偏好

除上述利益主体外，有必要探讨下消费者公众在人民币汇率制度改革中的作用。基于我国国体是人民民主专政的社会主义国家。政府决策应体现人民意志，均衡考虑全国人民的利益，公众尤其是日渐崛起的城市中产阶级的汇率偏好仍然在人民币汇率制度改革和汇率决定中发挥着不可忽视的作用。

1994 年人民币汇率一次性大幅贬值推动进口成本的上涨，加剧了国内经济过热背景下的通胀压力，损害了消费者公众的购买力。但考虑到当时中国的城市化进程尚处于初级阶段，80% 左右的人口在农村，自给自足的小农经济特征和农业保护政策有助于降低贬值对消费者购买力的短期冲击。而且，从长远看，汇率贬值推动了工业化和城市化进程，有利于解决过剩劳动力的就业问题，从而提升了社会公众对本币贬值的拥护度。20 世纪 90 年代后半期，伴随着城镇化进程的加快，农村人口大量向城市转移，使得城市人口比例不断提升，2003 年该比例超过 40%，2011 年超过了 50%，首次超过农村人口比例，如图 6－5 所示。不同于以企业主与工人为主的制造业群体偏好本币贬值，城市消费者偏好强势货币，本币升值一方面有助于降低进口商品和服务的消费成本。在资本项目日渐开放的背景下，升值还提升了这一群体的海外财富配置能力。

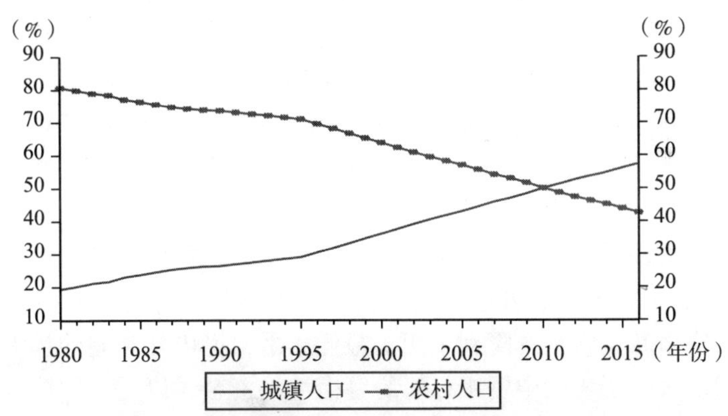

图 6－5 1980～2016 年城镇人口与农村人口比重

资料来源：中经网统计数据库。

四、2015 年 8 月后人民币汇率贬值背景下的各利益主体的汇率博弈

2015 年 8 月，中国人民银行突然宣布进行人民币汇率中间价定价机制改革，以释放此前美元有效汇率持续升值给人民币造成的贬值压力，此后

国内外人民币汇率贬值预期加快，国内企业和个人纷纷购汇并将资金投到海外，进一步加剧了汇率贬值压力，2016 年人民币兑美元汇率贬值幅度近 7%，是 2015 年贬值幅度的近两倍。国有银行、房地产商和航空公司等背负高额美元债务的企业成为此轮人民币贬值最大的受害者，汇率贬值加重了外债负担从而压缩了企业利润，同时增强了公司提前偿还美元债务的意愿，这引发了更多资本外流，进一步强化了市场上的贬值预期。

在经济开放的背景下，金融部门一般偏好货币升值，坚挺的货币有助于降低海外资产的购买成本，以更优惠的条件吸引海外资金。相反，本币贬值则往往令金融部门受损，外债依赖度过高的银行债务负担会加重，贬值引发的资本外流还可能会引发流动性危机，冲击金融系统的稳定。在中国，国有银行凭借其在金融体系中的主导地位和政府控股参股的产权性质，对政府经济金融决策发挥着重要的影响力。斯坦菲尔德（Steinfeld，1998）研究认为，中国政府在亚洲金融危机期间坚持人民币不贬值政策，更主要的是出于保护国内金融部门的考虑，担心贬值可能会引发银行挤兑，威胁银行体系的偿付能力。以国有银行为代表的金融行业同样是推动 2005 年人民币弹性汇率制度改革和其后汇率升值的重要力量。汇改后，人民币的持续升值显著提升了国内大型银行的海外投资能力，加快了金融业“走出去”的步伐，其对外直接投资规模不断扩大，年增速保持在 20% 以上，在对外直接投资存量上成为仅次于租赁和商务服务业的第二大行业。2014 年以来，人民币汇率开始呈现贬值态势，金融业对外直接投资增速也显著放缓。

汇改后人民币的升值也显著改善了国内金融机构的海外融资环境，尤其是 2008 年全球金融危机爆发以来，欧美发达经济体为应对危机而采行的超宽松货币政策将利率降到了历史最低水平，境内外利差的扩大和人民币升值预期吸引了境内中资银行纷纷筹措境外资金，以充实因国内信贷投放激增而日益匮乏的资本基础。中资金融机构的海外负债主要分外币债务和人民币债务，截至 2016 年 9 月末，外币外债占比 64%，人民币外债占 36%。如图 6－2 所示，2005 年汇改以来中资金融机构的外币外债保持了较快增速，尤其是人民币升值预期强烈的 2010 年和 2011 年，中资金融机构的外债增速分别达到 44% 和 57%，创历史最高水平，占外债总额的比例达到 30%。外币债务易受汇率波动的影响，2015 年 8 月以来的本币贬值加重了中资金融机构的偿债负担。

中资金融机构的人民币外债主要包括非居民存款、贸易融资类人民币外债以及国有银行在境外离岸金融市场发行的人民币债券。受益于人民币国际化进程的加快和境外对人民币资产投资兴趣的提升，人民币外债获得了较快增长。不同于外币外债，金融机构的人民币外债虽然不存在货币错配风险和汇率风险，但贬值抑制了海外居民对人民币资产的投资兴趣，放缓了人民币国际化的进程，加大了资本外逃的压力。如图 6－6 所示，自外管局首度公布 2015 年末中国银行业对外金融资产负债数据以来，人民币外债规模一直呈下降趋势，其在外债总额中的比重由 2015 年末的 46%降到 2016 年 9 月末的 36%。

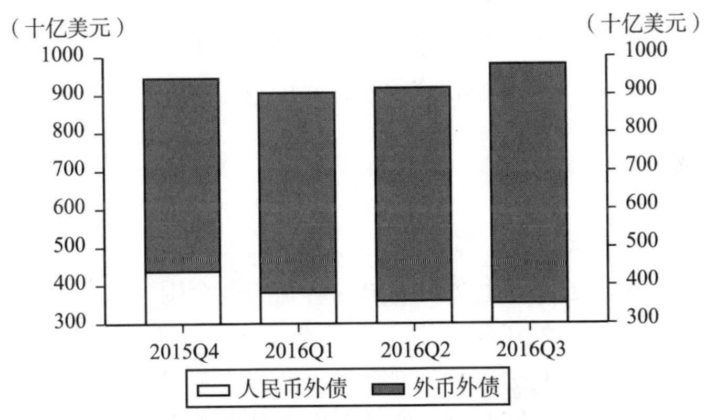

图 6－6　中国银行业按币种持有的外债规模

注：2015 末年国家外汇管理局开始公布中国银行业对外金融资产负债数据，其中，外债统计包括人民币外债和外币外债。

资料来源：国家外汇管理局网站。

抵制人民币贬值的另一大利益主体是国内的房地产商。房地产业是典型的资本密集型行业，2010 年 4 月国务院出台《关于坚决遏制部分城市房价过快上涨的通知》后，国内银行的房地产开发贷款逐渐收缩，导致银行贷款在房地产融资中的比例不断下跌，占比不足 20%。国内融资环境的恶化、金融危机后欧美金融市场低廉的融资成本以及人民币升值预期等因素综合作用，促使国内大型房地产企业纷纷转向海外发行债券或票据进行融资，使得房企的自筹资金占比在 2010 年后显著上升，人民币升值预期较强的 2011 年和 2012 年该比例达到 40% 的历史高位，如图 6－7 所示。彭博数据显示，中国房地产行业外债高企，截至 2016 年 9 月份美元债券未偿还额达 592. 51 亿美元，仅次于金融行业。

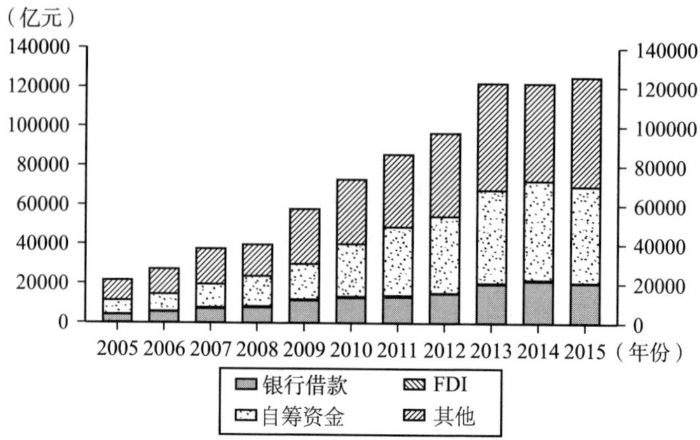

图 6－7 按资金来源分类的房地产开发企业实际到位资金额

注：图中，自筹资金主要包括海外发债、海外上市、房地产信托和基金等多种模式，其他资金来源主要包括定金及预付款。

资料来源：中经网统计数据库。

海外举债在一定程度上缓解了国内房企的资金困境，但同时加剧了企业资产负债的币种错配风险。由于房地产企业的海外负债主要以美元计价，2015 年 8 月 11 日人民币中间价定价机制改革以来，人民兑美元的缓慢贬值给房地产企业近年来的海外融资模式带来不容忽视的风险。根据国泰安数据分析，2015 年国内房地产企业的汇兑损失超过 120 亿元，为 2014 年汇兑损失的近 10 倍，其中恒大、雅居乐、碧桂园等美元外债额度较大的房企损失均超过 10 亿元。面对贬值冲击带来的不利影响，国内房地产企业努力削减美元债务，举借更多的人民币债务来代替美元债，彭博数据显示，19 家中国企业 2016 年共提前偿还 74 亿美元离岸债券，规模超过上年同期的 3 倍，其中 14 家来自地产行业。

“控制人民币贬值速度”“防止金融机构的资本外逃”成为近两年来央行政策调控的重点。央行一方面通过外汇干预维持境内人民币汇率稳定，导致外汇储备流失 1 万亿美元；另一方面则收紧了对于资金流动，尤其是资本流出的管控，加大境内企业海外直接投资的审核，更严格地实施对个人购汇用途的限制。此外，为调控境内外人民币贬值预期，央行还通过国有商业银行加强了对境外人民币头寸的管制，打击了海外做空人民币汇率的势力。这一系列措施有效逆转了资本持续外逃的趋势，人民币贬值压力也得到显著缓解。

五、结论

本书研究表明，以国有企业和外资企业为代表的相关各利益主体在改革开放后人民币汇率制度的两次重大改革中发挥了重要作用，与此同时城市新兴中产阶级势力的壮大也提升了该群体在汇率决定中的影响力。未来，随着经济金融一体化程度的加深和民主政治建设的推进，国内不同利益主体对人民币汇率双向波动趋势无疑会发挥愈加重要的影响。着眼于各利益主体的汇率博弈视角来构建和完善人民币汇率决定理论、开展汇率变动趋势的实证研究，具有重大的理论和现实意义，也是接下来的研究方向所在。

第二节　企业势力和汇率决策的理论和实证分析

一、相关研究综述

20 世纪 90 年代，鉴于传统汇率决定理论在实证检验和样本外汇率走势预测中令人失望的表现，弗瑞登（Frieden，1991；1994）、艾肯格林（Eichengreen，1995）、柯林斯（Collins，1996）、伯恩哈德和勒布兰（Bernhard and Leblang，1997）、弗瑞登和斯坦（Frieden and Stein，2000）等学者将一系列政治因素引入到汇率决定中以尝试发展和完善传统的汇率决定理论，从而奠定了汇率政治经济学的研究基础。按照考察对象的不同，研究主要分两类，一类着重考察政治制度，如政治类型（民主化程度）、选举制度、政局稳定性和政治透明度、中央银行独立性等，对汇率制度选择的影响[①]，另一类则关注国内外不同部门和利益主体的汇率偏好对汇率决定的影响。鉴于研究主旨，文章以下着重回顾和评述各利益主体政策偏好和汇率决定的相关研究进展，并基于现有研究的不足引出本书研究创新点。

汇率变动具有收入分配效应，国内不同经济主体基于各自的利益诉求与决策者进行积极的政策博弈，凸显了国内政治势力及其汇率偏好在汇率

① 刘晓辉：《汇率制度选择的新政治经济学研究综述》，载《世界经济》2013 年第 2 期，第 137～160 页。

决定中的重要性[①]。弗瑞登（1991a；1994b）开创性地构建了汇率偏好矩阵以考察国内利益主体的汇率偏好，研究指出，那些面向国内市场的生产者更愿意采用浮动汇率制度，而面向国际市场的生产者更倾向固定汇率制度；贸易部门的生产者期望本币贬值，而非贸易部门和海外投资者则希望货币强势。在此基础上，后续学者从不同视角对汇率偏好理论及其研究方法进行了发展和完善。

坎帕和戈德堡（Campa and Goldberg，1997）利用行业出口比例和中间品进口投入比例构建了行业净外部导向指标，以考察美国、英国、日本和加拿大四国制造业汇率偏好变化。还有少量研究基于问卷调研方法直接考察微观企业的汇率偏好。福斯特和瓦格纳（Foster and Wagner，2004）通过对企业管理层的调研问卷考察不同企业对汇率政策的看法；布罗斯、弗瑞登和卫茅斯（Broz、Frieden and Weymouth，2008）则基于世界银行的问卷调研数据来测度微观主体的汇率偏好，进而实证研究了汇率偏好的影响因素，研究结论与前人相似，即贸易品生产商更偏好汇率稳定和本币贬值，且生产率高的企业因为拥有更强的市场竞争力和抗冲击能力，对汇率变动的敏感度较低。

多数研究则基于计量回归方法，通过检验利益主体的政治势力对汇率决定的影响，来间接测度汇率偏好。如布隆伯格等人（Bloomberg et al.，2005）检验了拉美国家汇率制度安排持久性的政治影响因素，研究发现，贸易部门势力越大，汇率制度安排持续的概率越低，与前人研究结论近似。法亚等人（Faia et al.，2008）利用共同代理模型从理论上考察了金融部门和制造业部门对汇率决策的影响，并使用新兴经济体（包括拉美国家和亚洲国家或地区）的面板数据实证检验了其对汇率稳定性的作用效果，研究发现，制造业偏好贬值，金融业偏好升值，且两部门均偏好汇率稳定。

现实中，利益主体的汇率偏好并非一成不变，而会随着经济条件和外部环境的变化而变化。弗瑞登等人（Frieden et al.，2000）研究指出，当国内制造业部门受到有效的关税保护和政府补贴时，其对汇率制度的选择并不在意，但当关税保护和补贴力度减弱后，制造业部门会偏好本币汇率贬值。沃等（Walter，2008）分析了货币政策对企业汇率偏好变化的动态影响，研究认为，货币政策和汇率变化主要通过竞争力渠道和资产负债表渠道影响企业经营的脆弱性，当贬值对企业脆弱性的冲击高于货币紧缩效

① 何帆、李志远：《汇率变动与汇率制度变革的政治经济学分析》，载《世界经济与政治》2002 年第 11 期，第 26 ~ 31 页。

果时，政府会捍卫汇率稳定，而当货币紧缩的冲击超过贬值的潜在成本时，政府会任由汇率贬值。斯坦伯格和施（Steinberg and Shih，2012）研究认为，中国出口商对本币贬值的偏好随政府政策而起伏，当政府削减出口补贴或收缩扩张性宏观经济政策时，出口商的本币贬值偏好会更强烈，而且在众多的政策保护中，本币贬值是出口商集团最后的利益诉求，因为贬值虽然提高了企业在国际市场的出口竞争力，但增加了中间品进口成本。

全球化背景下，经济开放也是影响汇率偏好的重要因素。沙搏（Shambaugh，2004）认为，本国内经济体对汇率政策的偏好受该国资本流入形式的影响，基于面板排序模型的实证研究发现，国际银行贷款比例的上升会提高政府维持固定汇率制的概率，而证券投资形式的资本流入会提高浮动汇率制的实施概率。金德曼（Kinderman，2008）考察了 1960～2008 年德国不同行业指对其汇率偏好进行的活动，并将近年来企业汇率偏好的下降归因于国际化经营，研究认为，国际化程度较低的行业对本币低估有更强的偏好。斯坦伯格（Steinberg，2010）分析比较了封闭经济和开放经济下汇率变动的收入分配机制与效果，研究发现，封闭经济下代表工人利益的左派政党更倾向实施汇率高估政策，而开放经济下代表资本家利益的右派政党更偏好汇率高估政策，这主要是因为经济开放背景下一国对进口中间投入品的依赖程度提升，高估的货币有助于企业降低进口成本和提升利润。

奥尔森（Olson，1965）认为，对于像汇率这样的非排他性和非竞争性公共产品，规模小而组织能力强的集团相比于规模大而易于“搭便车”的集团具有更强的集体行动力。威利特（Willett，2007）指出，在一些发展中国家，地域上相对集中的制造业部门比分散的农业部门对汇率政策决策具有更显著的影响力。实证研究中，弗瑞登等人（Frieden et al.，2000）利用行业产值占 GDP 的比例来考察不同利益主体的政策影响力，类似地，布隆伯格等（Blomberg et al.，2005）选用制造业增加值占 GDP 比例来测度贸易品生产部门这一特殊利益主体对拉美国家钉住汇率制度（倾向于实际汇率高估）持续性的作用效果。

2000 年后，中国持续积累的国际收支双顺差加剧了国际政治压力对人民币汇率决定的影响，日本、美国、欧盟等发达国家相继施压要求中国政府改革人民币盯住汇率制度，国际政治力量和政府间的政策博弈成为考察 2005 年人民币弹性汇率制度改革和预测汇率中短期走势时不可或缺的因素，由此推动了汇率政治经济学研究在人民币汇率决定中的重要性不断提升。张宇燕和张静春（2005）、王松奇和史文胜（2007）等学者率先从国际政治经济学角度探讨了中美政府间政策博弈对近年来人民币汇率制度改革和汇率决定的影响。针对这些理论分析和定性研究的成果结论，后继学者从实证角度提供了进一步佐证。

李子联（2011）利用面板变系数模型进行的实证研究印证了国际政治力量，尤其是美国政治压力，在人民币升值进程中发挥的主导作用。王孝松等（2014）在贸易政策的政治经济学框架下实证研究了美国利益集团对汇率法案投票结果的影响，研究表明，各利益主体的政治捐款显著影响了议员投票行为，主导了对华汇率政策的决策。朱孟楠等（2015）基于“政治周期外溢效应模型”进行的实证研究同样证明了，美国政治周期通过资本流动和政策调控会对人民币汇率短期走势产生重要影响。但是也有学者持不同观点，刘和鲍韦斯（Liu and Pauwels，2008）构建了不同的外部压力指标以检验其对人民币汇率中间价日收益率和条件波动率的影响，结果发现，外部压力对于人民币升值速度缺乏系统性影响，但会影响汇率波动的不确定性。类似地，刘涛、周继忠（2011）运用分类事件研究法考察了 2005 ~2010 年美国政治压力对人民币汇率的影响，研究认为美国政治压力对人民币升值的总体影响不显著，但当汇率处于固定或贬值状态时，影响显著性会提高。

总体来看，国内人民币汇率决定的政治经济学研究尚处于起步阶段，有限研究也主要集中于国际政治压力对汇率改革和汇率决定的影响机制和影响效果方面，对国内各利益主体与汇率决定关系的相关研究较为匮乏。改革开放前我国实行的计划经济体制强化了中央政府权威，保证了政治经济文化高度一体化，遏制了各利益主体的存在和发挥作用[①]。中国政治体制不同于欧美等国家，各利益主体不会通过各种游说活动介入和影响公共政策制定以寻求自身利益最大化，但其汇率偏好和经济博弈活动成为考察政府决策时不容忽视的因素。刘涛（2013）借鉴前人研究文献，并配合基于投入产出表的“行业净外部导向分析”，归纳了中国行业的汇率偏好，研究发现，农业和制造业偏好本币贬值，服务业偏好本币升值，而银行业的汇率偏好相对中性；作者进一步基于熵权法评估了四部门对人民币汇率政策的影响力，研究认为 2005 ~2010 年制造业部门对人民币汇率政策的影响力压过了其他部门。曹翰和苏应蓉（2016）同样采用行业净外部导向方对投入产出表进行计算，测度了制造业各部门的长期汇率偏好，研究认

① Kaplan, S.. The Political Obstacles to Greater Exchange Rate Flexibility in China [J]. World Development, 2006, 34: 1182 - 1200.

为，行业净外部导向法基于一些宽泛的结论和假定条件，没有考虑行业不同特点，从而影响了该单一指标的测度准确性。

鉴于国内各利益主体组织能力的提升及其在未来人民币汇率双向变动趋势中影响力的日益增强，基于现有研究的不足，本书旨在从理论和实证两个角度深入考察国内利益主体在人民币汇率决定中的作用，并着力从以下两个方面进行创新：

第一，国内学者的现有研究主要基于行业净外部导向指标来考察贸易和非贸易部门的汇率政策偏好及其对人民币汇率决定的影响：一方面，该指标的测度准确性有待改进；另一方面，在资本开放的全球化背景下，以贸易和非贸易来评判不同部门的汇率偏好难免有失偏颇。考虑到中国社会现状，各利益主体在中国产生的制度基础正是改革开放后进行的生产资料所有制结构改革，经济主体的利益分歧主要源于所有制性质的不同。因此，研究将基于行业层面的人民币实际有效汇率指标，利用 34 个工业行业 2000 ~ 2016 年的面板数据，通过计量回归方法实证检验不同所有制企业势力变化对汇率决定的影响，来考察比较不同利益主体的汇率偏好。相较于人民币兑美元双边汇率，行业层面的有效汇率指标不仅可以反映行业层面人民币与主要贸易伙伴国双边汇率的变动情况，同时还反映了行业内伙伴国贸易权重的变动情况。面对着人民币兑伙伴国货币双边汇率的变动冲击，企业可以更积极主动地通过调整贸易伙伴和贸易权重来影响行业有效汇率，行业汇率的变化可以更精确直接地反映不同企业的汇率偏好。

第二，汇率偏好并非一成不变，而是随着经济运行环境的变化而变化。尤其中国当前正处于经济增长换挡期、结构调整阵痛期和前期刺激政策消化期的“三期叠加”阶段，内外部环境的多变性和复杂性空前，这势必会影响利益主体的汇率偏好及其博弈。前人研究大多从定性分析的角度考察宏观经济政策对中国贸易部门汇率偏好的影响，实证研究相对缺乏，为此，文章结合前人研究文献，通过计量实证方法深入检验贸易开放、信贷环境和企业生产率等因素对利益主体汇率偏好的影响效果。

二、基于共同代理模型的理论分析

本书基于共同代理模型（common agency approach）来阐释利益主体的政治势力对政府汇率决策的影响。该模型最早由伯恩海姆和温斯顿（Bernheim and Whinston，1986）提出，用以分析政府决策者和经济个体的相互作用关系。迪克西特和詹森（Dixit and Jensen，2003）对该模型进行了改进，假设经济体的效用受其对政府代理事后决策的预期影响，以此考察货币同盟内会员方对单一中央银行货币政策决策的影响，在此基础上，法亚等人（Faia et al.，2008）运用该模型着重考察了经济主体的游说活动对汇率稳定性的影响。接下来，本书主要基于法亚等人（2008）的共同代理模型考察分析政治势力对政府代理汇率决策的影响。

模型假设经济中有一个政府代理人（agent）和多个利益主体（principle i，$i=1, 2, \cdots, n$）。面对外部冲击（z），政府进行决策，决定汇率水平 $s(z)$。利益主体的效用取决于汇率（s）、汇率预期（s^e）和外部冲击（z），即 $U_i=U_i(s, s^e, z)$，其中，$S^e=E[s(z)]=\int s(z)g(z)dz$，$g(z)$ 是 z 的概率密度函数。

为了与共同代理下的决策结果进行对照，首先考察利益主体将汇率视为外生时的情形，此时，最优偏好的汇率政策可由下面的拉格朗日函数得到：

$$L_i=E[U_i(s, s^e, z)]+\lambda[s^e-E(s(z))] \tag{6-1}$$

由一阶条件 $\frac{\partial U_i}{\partial s}=\lambda$ 和 $\frac{\partial E(U_i)}{\partial s^e}=-\lambda$，可得经济主体偏好的最优汇率决策满足

$$\frac{\partial U_i}{\partial s}=-E\left(\frac{\partial U_i}{\partial s^e}\right) \tag{6-2}$$

现实中，汇率决定是个政治问题，相关利益主体可以向政府代理提供政策激励以影响政策决定。假设利益主体 i 向政府代理提供的政策激励为 $t_i=k_i(z)+c_i(s, z)$，t_i 包括两部分，与决策无关的 $k_i(z)$ 和因政策而变化的 $c_i(s, z)$。由此，可构建政府代理人的目标函数如下：

$$\max U^{agent}=\eta\sum_{i=1}^{n}\theta_i U_i+(1-\eta)\sum_{i=1}^{n}\mu_i t_i \tag{6-3}$$

其中，$\sum_{i=1}^{n}\theta_i U_i$ 是利益主体目标函数的加权平均，可视作社会福利。$0\leqslant\eta\leqslant 1$，代表政府代理对社会福利分配的权重，而（$1-\eta$）则代表政府代理对政策激励赋予的权重。$\theta_i$ 是利益主体 i 的规模，μ_i 是政府代理对利益主体 i 赋予的权重，反映了 i 的政治影响力。由此，政府代理选择的最优政策（s）满足下面的一阶条件：

$$\eta\sum_{i=1}^{n}\theta_i\frac{\partial U_i}{\partial s}+(1-\eta)\sum_{i=1}^{n}\mu_i\frac{\partial t_i}{\partial s}=0 \tag{6-4}$$

接下来，利益主体 i 在两个约束条件下可以实现其预期效用的最大化

$E[U_i - k_i(z) - c_i(s, z)]$：一是理性预期约束，即 $s^e = E[s(z)]$；二是政府代理的预期效用约束 $E(U^{agent}) \geqslant u_0$。由此可得共同代理模型下利益主体 i 最优决策时的拉格朗日函数：

$$L_i = E[U_i(s, s^e, z) - k_i(z) - c_i(s, z)] + \lambda_{i1}\{s^e(z) - E[s(z)]\} + \lambda_{i2}E\left\{\eta\sum_{i=1}^{n}\theta_i U_i(s, s^e, z) + (1-\eta)\sum_{i=1}^{n}\mu_i[k_i(z) + c_i(s, z)] - u_0\right\} \quad (6-5)$$

其中，λ_{i1} 和 λ_{i2} 分别是理性预期约束和政府预期效用约束的拉格朗日乘子。利益主体 i 的选择变量是 $k_i(z)$ 和 $c_i(s, z)$。将式（6-5）对 $E[k_i(z)]$ 求偏导，由一阶条件可得 $\lambda_{i2} = \frac{1}{[(1-\eta)\mu_i]}$。由此，式（5-5）可重新表达为：

$$L_i = E[U_i(s, s^e, z) - k_i(z) - c_i(s, z)] + \lambda_{i1}\{s^e(z) - E[s(z)]\} + \frac{1}{(1-\eta)\mu_i} E\left\{\eta\sum_{i=1}^{n}\theta_i U_i(s, s^e, z) + (1-\eta)\sum_{i=1}^{n}\mu_i[k_i(z) + c_i(s, z)] - u_0\right\} \quad (6-6)$$

接下来考察汇率 s 变化对该拉格朗日乘子的影响：

$$dL_i = \left\{\frac{\partial U_i}{\partial s} - \frac{\partial c_i}{\partial s} - \lambda_{i1} + \frac{1}{(1-\eta)\mu_i}\left[\eta_i\sum_{i=1}^{n}\theta_i\frac{\partial U_i}{\partial s} + (1-\eta)\sum_{i=1}^{n}\mu_i\frac{\partial c_i}{\partial s}\right]\right\} g(z)ds \quad (6-7)$$

结合式（6-4），式（6-7）可简化为 $dL_i = \left(\frac{\partial U_i}{\partial s} - \frac{\partial c_i}{\partial s} - \lambda_{i1}\right)g(z)ds$。由此，利益主体 i 为政府提供的最优政策激励（$k_i(z) + c_i(s, z)$）应满足：

$$\frac{\partial t_i}{\partial s} = \frac{\partial c_i}{\partial s} = \frac{\partial U_i}{\partial s} - \lambda_{i1} \quad (6-8)$$

由（6-8）可得：

$$c_i(s, z) = U_i(s, s^e, z) - \lambda_{i1}s \quad (6-9)$$

由式（6-9）可以看出，利益主体 i 为政府决策提供的政策激励（c_i）取决于两部分，一是自身的效用水平 U_i，二是理性预期约束带来的增值效果（$-\lambda_{i1}s$）。经济体通过政策激励，诱导政府将汇率变动对其福利造成的影响内部化。

同样地，将 L_i 对 s^e 求偏导：

$$\frac{\partial L_i}{\partial s^e} = E\left(\frac{\partial U_i}{\partial s^e}\right) + \lambda_{i1} + \frac{1}{(1-\eta)\mu_i}E\left[\eta\sum_{i=1}^{n}\theta_i\frac{\partial U_i}{\partial s^e}\right] = 0 \quad (6-10)$$

将式（6－8）代入式（6－4），可得：

$$\sum_{i=1}^{n}[\eta\theta_i + (1-\eta)\mu_i]\frac{\partial U_i}{\partial s} - (1-\eta)\sum_{i=1}^{n}\mu_i\lambda_{i1} = 0 \quad (6-11)$$

由式（6－10）得到 λ_{i1}，代入式（6－11），整理后可得现实均衡汇率的决定式：

$$\sum_{i=1}^{n}[\eta\theta_i + (1-\eta)\mu_i]\left[\frac{\partial U_i}{\partial s} + E\left(\frac{\partial U_i}{\partial s^e}\right)\right] = -(n-1)\sum_{i=1}^{n}\eta\theta_i E\left(\frac{\partial U_i}{\partial s^e}\right) \quad (6-12)$$

式（6－12）是利益主体和政府代理相互作用下均衡汇率的决定公式，等号左边可视为现实汇率和汇率预期变动给利益主体带来的边际效用加权。当 $\eta=0$ 时，政府只看重政策激励，$\sum_{i=1}^{n}\mu_i\left[\frac{\partial U_i}{\partial s} + E\left(\frac{\partial U_i}{\partial s}\right)\right] = 0$，此时，均衡汇率可看做各经济主体视汇率为外生时最优偏好汇率的加权平均，权重 μ_i 为各经济主体对政府决策的影响力，经济体的政治影响力越大，均衡汇率越接近该主体所偏好的最优汇率水平。

接下来考察 $1>\eta>0$ 时的一般情形。可设某经济主体 i 的效用函数满足 $U'_s>0$，$U''_s<0$，由式（6－12）可知，$E\left(\frac{\partial U_i}{\partial s^e}\right)<0$。假设其他因素不变，$\mu_i$ 上升，即经济主体对政府决策的影响力提升，此时，等号左边第一项增大，等号右边不变，要保持式（6－12）的等号成立，需要均衡汇率（s）上升，以降低左边第二项。这意味着，经济主体政策影响力的提升有助于汇率朝其偏好方向变动。

若其他因素不变，η 上升为（$\eta+\Delta\eta$），即政府代理更重视社会福利，式（6－12）化为：

$$\sum_{i=1}^{n}[(\eta+\Delta\eta)\theta_i + (1-\eta-\Delta\eta)\mu_i]\left[\frac{\partial U_i}{\partial s} + E\left(\frac{\partial U_i}{\partial s^e}\right)\right] = -(n-1)\sum_{i=1}^{n}(\eta+\Delta\eta)\theta_i E\left(\frac{\partial U_i}{\partial s^e}\right) \quad (6-13)$$

将式（6－13）两边同乘以$\frac{\eta}{\eta+\Delta\eta}$，可以看出，$\eta$ 上升后，等号左边第一项减小，要保持等号成立，需要均衡汇率（s）下降，以提高等号左边第二项。这意味着，当政府代理降低其对政策激励的评价时，现实汇率变动将背离利益主体的偏好方向。

三、实证检验及回归结果

（一）回归模型和指标测度

改革开放后生产资料所有制结构改革促进了利益分化，所有制性质差异是经济主体利益分歧的重要根源。本书接下来将基于行业层面的人民币实际有效汇率指标，利用34个工业行业2000～2016年的面板数据，实证检验两大利益主体——国有和外资企业势力变化对人民币汇率变动的影响，以考察比较不同主体的汇率偏好。为此，计量回归模型设定如下：

$$REER_{it} = \alpha + \beta_{F,i} \times X_{F,it} + \beta_{NF,i} \times X_{NF,it} + \mu_{it} + \varepsilon_{it} \qquad (6-14)$$

式（6－14）中，α 代表常数项，μ_{it}代表第 i 个行业的固定效应，ε_{it}为方程残差项。被解释变量 $REER_{it}$为行业层面的人民币实际有效汇率，该指标是以各行业进出口贸易额占比做权重，对人民币与行业贸易伙伴国的双边货币汇率进行加权得到的，t 年第 S 个行业的实际有效汇率指数 $REER_{CN,S,t}$编制公式如下：

$$REER_{CN,S,t} = \sum_{j=1}^{N}\left[\frac{e_{CN,j,t}}{e_{CN,j,0}} \times \frac{Trade_{CN,jS,t}}{\sum_{j=1}^{n} Trade_{CN,jS,t}} \times 100\right] \qquad (6-15)$$

本书选择2000年为基期，基期年份用0表示，基期年份的汇率指数为100。$e_{CN,j,t}$是第 t 年中国与 j 国的双边实际汇率，采用间接标价法标价，即1单位人民币兑的外币数。根据数据可得性，有效汇率指数的编制涵盖了中国与43个贸易伙伴国的双边汇率，N＝43。$\frac{e_{CN,j,t}}{e_{CN,j,0}}$代表 t 年相对于基期的双边实际汇率变动率，然后用中国与 j 国在 S 行业的进出口额占 S 行业贸易总额的比重 $\frac{Trade_{CN,jS}}{\sum_{j=1}^{N} Trade_{CN,jS}}$ 做权重，进行加权平均，即得到行业层面的人民币实际有效汇率指数。因为双边汇率采用的是间接标价法，因此指数上升表示人民币升值，指数下降表示人民币贬值。人民币和贸易伙伴国的双边名义汇率来自国际货币基金组织的《国际金融统计》，分行业的贸易额数据来自中国经济数据库的《海关统计月报》。

行业中不同所有制企业的势力有强弱之别，例如，国有企业主要集中于能源、采矿以及烟草制品等行政垄断行业，而外资企业更多从事计算机通信设备、纺织服装、皮革制品、体育娱乐用品制造、仪器仪表制造等行业。面对人民币兑伙伴国货币双边汇率的变动冲击时，企业基于不同的汇率偏好，会积极主动地通过调整贸易伙伴和贸易额来影响行业有效汇率。因此，本书创新性地运用行业层面的人民币实际有效汇率来进行实证研究，通过行业汇率的变化差异可以更精确直接地反映企业汇率偏好。

根据有关的汇率决定理论和前人研究文献，影响人民币实际有效汇率的解释变量分两类，$X_{NF,it}$代表影响汇率的非基本面因素，此处主要考虑国有企业和外资企业的政治势力。刘涛（2013）研究指出，不同于西方民主政治体制下的游说形式，中国的各利益主体对政府决策的影响更多的是通过对社会就业、GDP 或税收增长的贡献而间接起作用。借鉴前人研究成果①，本书分别以国有企业与外资企业产值和企业数占比分别度量两类利益主体在汇率决定中的政治影响力。图 6－8 给出了不同指标度量的两类企业影响力和行业实际有效汇率的散点图，从中可以看出，不管使用哪种度量方法，国有企业影响力与实际有效汇率呈正相关关系，而外资企业影响力与实际有效汇率呈负相关关系。因此，实证检验中，国有企业影响力的回归系数预期为正，外资企业影响力的回归系数预期为负。

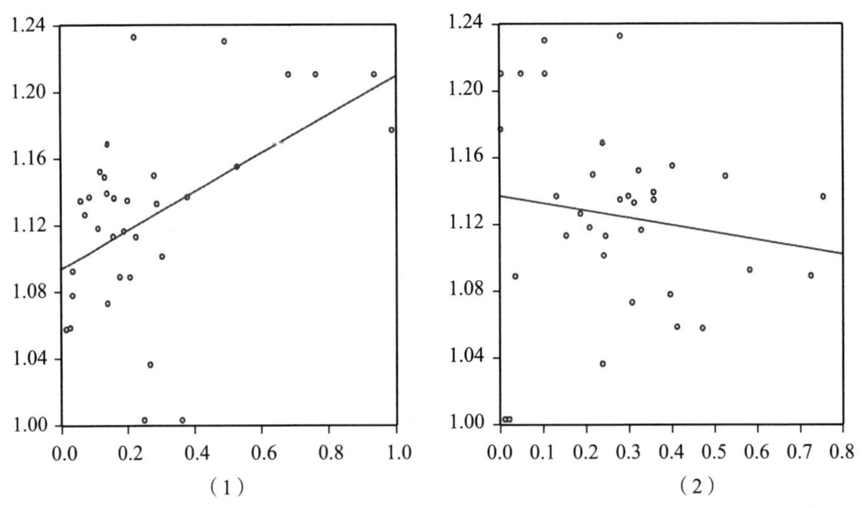

① 弗瑞登等人（2001）、布隆伯格等人（Bloomberg et al.，2005）以及法亚等人（2008），均采用部门产值占比来度量各部门在汇率决定中的政治影响力。

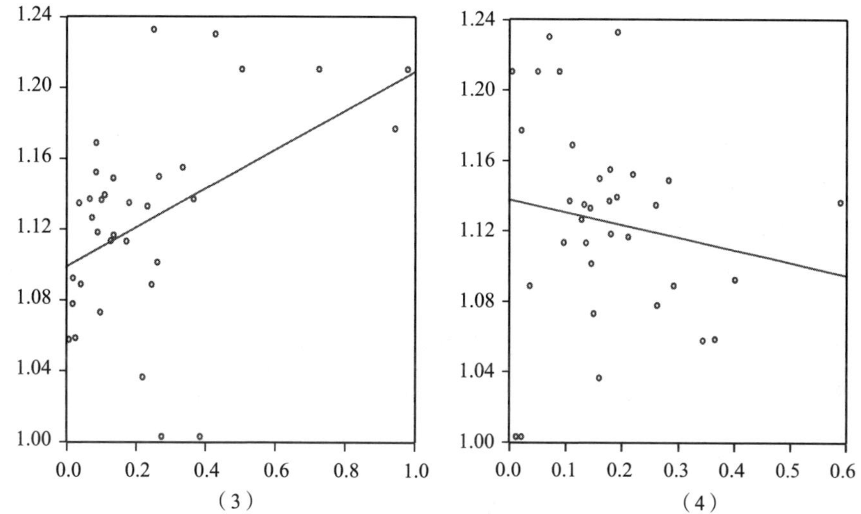

图6-8 人民币实际有效汇率和利益主体影响力的散点

注：图（1）、图（2）是按产值占比度量的企业势力，图（3）、图（4）是按数量占比度量的企业势力。

式（6-14）中，$X_{F,it}$代表影响汇率的经济基本面因素，主要包括全要素生产率、贸易条件、对外开放度、行业固定资产投资支出占比和行业生产者价格指数（Rogoff，1996；Drine and Rault，2001）。依据巴拉萨—萨缪尔森效应，劳动生产率增长有助于实际汇率升值。贸易条件的改善，一方面提高了本国居民收入和消费支出，推升了不可贸易品相对价格，拉动实际汇率升值，另一方面，进口商品相对价格的下降会减少居民对不可贸易品的需求，引起实际汇率贬值，一般认为，前者的收入效应往往大于后者的替代效应。因此，贸易条件改善有助于实际汇率升值。对外开放的推进，有助于降低进口关税和进口贸易品价格，非贸易品需求和价格相对下降，从而引起实际汇率贬值，因此，对外开放度越高的行业，越倾向于本币贬值。行业投资支出对实际有效汇率的影响方向取决于支出在贸易部门和非贸易部门的比重，若支出主要用于购买非贸易品，则会推动非贸易品相对价格上涨和实际汇率升值，若支出主要用于购买贸易品，则实际汇率贬值。行业物价上涨，一方面会降低实际投资收益率，从而抑制资本流入，导致实际汇率贬值，另一方面，行业生产者价格上涨会带动国内非贸易消费品价格变化，引起实际汇率升值，总体来看，资本自由流动的背景下，资本流动机制居主导地位，因此行业价格上涨应带来实际汇率贬值。

回归检验时，所有变量均取对数形式，一方面有助于降低异方差问题，另一方面可以一定程度地修正数据的右偏形态，使其更接近于正态分布。式（6－14）回归涉及的相关变量指标说明和主要特征值汇总如表6－1所示，从变量特征值看，各变量的行业差异相当大，下文将依据非平衡异质面板的数据特征选择合适的计量检验方法进行回归分析。相关指标数据来源于中经网统计数据库、国泰安数据库以及国际货币基金组织的《国际金融统计》。

表6－1　　相关指标变量和特征值

变量符号	变量说明	均值	中值	最大值	最小值	标准差
$\log(REER_{it})$	行业层面人民币实际有效汇率	0.085	0.047	0.731	－0.229	0.157
$\log(TFP_{it})$	全要素生产率 $TFP_{it}=\frac{Y_{it}}{K_{it}^{\alpha}L_{it}^{\beta}}$，其中，$Y_{it}$、$K_{it}$、$L_{it}$分别为行业产出、资本存量和劳动投入*	2.128	2.038	4.081	0.596	0.463
$\log(OPEN_{it})$	对外开放度＝行业进出口额/行业产值	－1.151	－1.013	0.918	－4.028	1.131
$\log(TOT_{it})$	贸易条件＝行业出口价格指数/进口价格指数	0.014	0.014	0.778	－0.669	0.101
$\log(I_{it})$	行业固定资产投资支出与产出之比	－2.1618	－2.0378	－0.2375	－4.4278	0.6610
$\log(PPI_{it})$	行业生产者价格指数	4.619	4.610	4.979	4.138	0.075
$\log(powers_{it})$	国有企业势力1＝国有企业产值/行业产值	－1.897	－1.800	－0.005	－5.548	1.182
	国有企业势力2＝国有企业数量/行业企业总数	－2.651	－2.723	－0.137	－6.005	1.170
$\log(powerf_{it})$	外资企业势力1＝外资企业产值/行业企业产值	－1.803	－1.361	0.553	－8.419	1.353
	外资企业势力2＝外资企业数量/行业企业总数	－2.118	－1.885	0.152	－5.523	1.037

注：＊处参看胡德宝、苏基溶：《政府消费、贸易条件、生产率与人民币汇率》，载《金融研究》2013年第10期，第42～53页。

(二) 实证方法和回归结果

文章首先通过固定效应冗余检验和随机效应的豪斯曼检验结果，确定采用个体固定效应模型对式（6－14）进行回归分析。接下来，针对数据可能存在的组间异方差和截面自相关性，分别运用相似比检验（LR test）和 Pesaran 检验予以验证，证明存在组间异方差性，但不存在截面自相关性。组内自相关检验拒绝了“不存在一阶自相关”的原假设，表明存在组内自相关。因此，本书将采用“组间异方差，组内自相关”稳健的标准误差，即“面板校正标准误差”（Panel Corrected Standard Errors）个体固定效应模型对式（6－14）进行估计。此外，考虑到汇率和解释变量之间可能存在的相互作用关系，为了缓解逆向因果问题，文章将所有解释变量取一期滞后进行了进一步检验，主要回归结果一并汇总，如表 6－2 所示。表 6－2 同时还汇报了剔除企业势力后的方程回归结果，以对比分析考虑企业势力影响因素后方程回归的改善效果。

表 6－2　　实证检验结果

解释变量	被解释变量					
	$\log(REER_{it})$			$\log(REE_{it}(R+1))$		
	(1)	(2)	(3)	(1)	(2)	(3)
$\log(TFP_{it})$	0.162*** (0.029)	0.193*** (0.028)	0.296*** (0.023)	0.295*** (0.029)	0.324*** (0.029)	0.399*** (0.027)
$\log(OPEN_{it})$	−0.152*** (0.014)	−0.130*** (0.017)	−0.092*** (0.015)	−0.136*** (0.015)	−0.112*** (0.017)	−0.089*** (0.017)
$\log(TOT_{it})$	−0.045 (0.053)	0.015 (0.047)	0.030 (0.042)	−0.101* (0.053)	−0.042 (0.048)	−0.028 (0.048)
$\log(I_{it})$	0.123*** (0.011)	0.160*** (0.013)	0.230*** (0.013)	0.175*** (0.011)	0.206*** (0.014)	0.268*** (0.016)
$\log(PPI_{it})$	−0.592*** (0.076)	−0.553*** (0.073)	−0.520*** (0.069)	−0.481*** (0.078)	−0.439*** (0.077)	−0.405*** (0.077)
$\log(powers1_{it})$		0.061*** (0.012)			0.054*** (0.012)	

续表

解释变量	被解释变量					
	$\log(REER_{it})$			$\log(REE_{it}(R+1))$		
	(1)	(2)	(3)	(1)	(2)	(3)
$\log(powers2_{it})$			0.077*** (0.009)			0.066*** (0.010)
$\log(powerf1_{it})$		-0.125*** (0.020)			-0.123*** (0.019)	
$\log(powerf2_{it})$			-0.273*** (0.021)			-0.227*** (0.022)
调整后拟合优度	0.644	0.703	0.766	0.705	0.745	0.764
F 统计量	26.454	32.380	44.796	34.648	39.729	44.287
观测值个数	536	532	535	536	532	535

注：括号中的数值为解释变量估计系数的稳健标准误。***、*分别代表估计系数在1%、10%的显著性水平下不为零。

由表6-2的回归结果看，考虑企业势力的影响后可以明显提升方程回归的拟合优度，方程中两类企业势力的回归系数也均具有统计显著性，从而印证了国有企业和外资企业势力变化对行业层面人民币实际有效汇率决定的显著影响。采用解释变量滞后一期回归得到的结果总体表现较好，调整后拟合优度与F统计量略高于同期变量的回归结果。

从回归系数看，国有企业势力的增强有助于人民币实际汇率升值，而外资企业势力的增强导致人民币贬值。该结论表明，两类利益主体有不同的汇率偏好，国有企业偏好货币升值，外资企业偏好贬值。其余解释变量的回归系数也基本符合理论预期，生产率提升促进人民币实际汇率升值，证实了巴拉萨—萨缪尔森假说的有效性；对外开放的推进、行业物价水平的上升导致人民币贬值，投资支出增加有助于本币升值；贸易条件对实际有效汇率缺乏统计显著的影响。

（三）汇率偏好的影响因素分析

利益主体的汇率偏好并非一成不变，而会随着经济运行环境的变化而变化。斯坦伯格（Steinberg，2010）指出，经济开放背景下一国对进口中间投入品的依赖程度提升，会促使贸易企业的汇率偏好由贬值转向升值，高估的货币有助于降低进口成本。沃特（Walter，2008）、斯坦伯格和施恩（Steinberg and Shih，2012）认为宏观经济政策和汇率政策在影响企业经营状况时具有替代效应，当政府收缩扩张性经济政策时，贸易企业的本币贬值偏好会更强烈，而宽松的财政货币和信贷政策改善了企业的经营环境，有助于降低企业的汇率偏好。此外，布罗斯、弗瑞登和卫茅斯（Broz，Frieden and Weymouth，2008）通过调研指出，生产率高的企业拥有更强的市场竞争力和抗冲击能力，其对汇率变动的敏感度较低。

结合前人研究结论，本书接下来着重考察贸易开放度、信贷状况（$\log(debt_{it})$，用行业负债率来度量）和企业生产率等因素对汇率偏好的影响，为此将在式（6－14）的基础上分别加入利益主体政治势力和三个影响因素的交叉项，然后进行回归检验，所有解释变量均取一阶滞后以缓解逆向因果问题，主要回归结果汇总如表6－3所示。

表6－3　　　　汇率偏好的影响因素检验结果

解释变量	被解释变量					
	$\log(REER_{it})$		$\log(REER_{it})$		$\log(REER_{it})$	
	（1）	（2）	（1）	（2）	（1）	（2）
$\log(TFP_{it}(-1))$	0.388*** (0.022)	0.439*** (0.031)	0.393*** (0.029)	0.418*** (0.029)	0.163*** (0.059)	0.334** (0.064)
$\log(OPEN_{it}(-1))$	-0.097*** (0.022)	-0.086** (0.026)	-0.069*** (0.017)	-0.078*** (0.018)	-0.112*** (0.017)	-0.089** (0.018)
$\log(TOT_{it}(-1))$	-0.069 (0.046)	-0.025 (0.048)	-0.065 (0.044)	-0.036 (0.048)	-0.013 (0.048)	-0.028 (0.048)
$\log(I_{it}(-1))$	0.211*** (0.014)	0.282*** (0.017)	0.215** (0.014)	0.270*** (0.016)	0.226*** (0.013)	0.272*** (0.016)
$\log(PPI_{it}(-1))$	-0.502*** (0.075)	-0.426*** (0.077)	-0.428*** (0.072)	-0.405*** (0.076)	-0.464*** (0.077)	-0.413*** (0.078)
$\log(powers_{it}(-1))$	0.073*** (0.014)	0.086*** (0.011)	0.096*** (0.021)	0.100*** (0.018)	0.282*** (0.036)	0.140*** (0.034)
$\log(powers_{it}(-1))\times\log(OPEN_{it}(-1))$	0.022*** (0.006)	0.018*** (0.004)				

续表

解释变量	被解释变量					
	$\log(REER_{it})$		$\log(REER_{it})$		$\log(REER_{it})$	
	(1)	(2)	(1)	(2)	(1)	(2)
$\log(powers_{it}(-1)) \times \log(debt_{it}(-1))$			0.070*** (0.026)	0.056** (0.024)		
$\log(powers_{it}(-1)) \times \log(TFP_{it}(-1))$					-0.109*** (0.018)	-0.035** (0.016)
$\log(powerf_{it}(-1))$	-0.199*** (0.021)	-0.272*** (0.027)	-0.255*** (0.025)	-0.245*** (0.029)	-0.178*** (0.031)	-0.250*** (0.041)
$\log(powerf_{it}(-1)) \times \log(OPEN_{it}(-1))$	-0.040*** (0.007)	-0.034*** (0.010)				
$\log(powerf_{it}(-1)) \times \log(debt_{it}(-1))$			-0.099*** (0.013)	-0.040** (0.019)		
$\log(powerf_{it}(-1)) \times \log(TFP_{it}(-1))$					0.017* (0.011)	0.016** (0.007)
调整后拟合优度	0.770	0.762	0.782	0.767	0.764	0.763
F统计量	43.277	41.760	46.434	42.813	41.864	41.932
观测值个数	532	535	532	535	532	535

注：被解释变量中的（1）、（2）数值分别为两种利益主体势力测度方法下的回归结果，括号中的数值为解释变量估计系数的稳健标准误。***、**和*分别代表估计系数在1%、5%和10%的显著性水平下不为零。

总体来看，表6-3回归结果与表6-2一致，国有企业偏好本币升值，外资企业偏好汇率贬值，其余控制变量的回归系数符号基本保持不变。交叉项系数总体来看具有统计显著性，表明汇率偏好会随贸易开放度、信贷状况和企业生产率的变化而变化。具体来看，贸易开放度提升和资产负债率上升显著强化了汇率偏好，国有企业更偏好升值，而外资企业更偏好贬值；生产率提升弱化了利益主体的汇率偏好。

四、主要结论及解释

随着国际收支趋于平衡，人民币汇率双向波动趋势显著加强的背景下，国内利益主体的汇率偏好和政策博弈在人民币汇率决定中发挥着愈加重要的影响。本书着眼于汇率决定的政治经济学视角，利用共同代理模型考察了利益主体的政治势力对汇率决策的影响，进而利用 34 个工业行业 2000～2016 年的年度面板数据，实证检验了国内经济运行中的两大利益主体——国有企业和外资企业势力变化对行业层面人民币实际有效汇率决定的影响效果及其影响因素。本书主要研究结论如下：

第一，虽然中国政治体制不同于欧美等国家，利益诉求的表达方式相对含蓄隐蔽，但这并不影响各利益主体对汇率决策的影响。基于共同代理模型的理论分析表明，利益主体可以通过政策激励诱导政府决策者将汇率变动对其福利造成的影响内部化，政府越看重政策激励，利益主体的政策影响力越大，越有助于汇率朝其偏好方向变动。

实证分析进一步印证了理论分析结论，即，利益主体的势力变化对人民币实际有效汇率决定有着显著影响。具体来看，国有企业势力的增强有助于人民币实际汇率升值，而外资企业势力的增强导致人民币贬值。该结论表明，国有企业偏好货币升值，外资企业偏好贬值。

结合中国经济现实，该结论可以得到合理解释。国有企业曾在改革开放初期承担着我国出口创汇的重任，但进入 21 世纪后，随着国企改革步伐的加快，国有经济从一般性生产加工、商贸服务等劳动密集型的竞争性领域逐步转向能源、通信、基建等资本密集型的垄断行业和国民经济支柱性行业。一方面，国有企业贸易由净出口转为净进口，另一方面，金融开放提高了国有企业的外币负债率，由此，资本密集型的大型国有企业对本币汇率高估产生了强烈偏好，人民币升值有助于降低国有企业技术进口和对外融资的成本。

外资企业主要利用国内廉价的劳动力优势从事出口加工制造业，20 世纪 90 年代人民币汇率在低估水平上的长期固定为其营造了公平稳定的外部环境，有效提升了企业出口竞争力，推动外资企业贸易顺差规模的持续扩大。21 世纪后，利用外资的总体环境发生了深刻变化，中央政府将招商引资的权力逐步下放给地方政府，外资企业对国内公共政策的直接影响力减弱，面对 2005 年后人民币升值对出口制造业的冲击，外资企业也在逐步由劳动密集型的加工制造业向市场导向型的资本和技术密集型行业转型升级，以应对人民币升值的不利影响。

第二，研究发现，国内外经济环境的变化会影响国内利益主体的汇率偏好。具体来看，贸易开放度和资产负债率上升显著强化了汇率偏好，而生产率提升弱化了汇率偏好。

与前人相关结论一致，本书同样印证了贸易开放会强化企业的汇率偏好。自2001中国加入世界贸易组织以来，伴随着贸易开放的加深，国有企业贸易逆差呈逐步增长趋势，2005年后其出口占比已跌至20%以下，而进口占比则大体稳定在30%上下。国有企业更努力地游说决策者采用汇率高估政策，以降低进口成本。与此同时，外资企业出口占比持续上升，2005年达58%的历史高位，2005年以来其对贸易顺差的贡献度达到50%以上，基于顺差的不断增长，外资企业更为偏好汇率低估。

实证研究发现，资产负债率上升强化了各利益主体的汇率偏好，该结论虽不同于前人关于宏观经济政策与汇率政策在利益主体政策偏好中具有替代效应的理论预期，但结合中国经济运行事实，该结论可以得到合理解释。在债务拉动型经济增长模式下，国有企业经营尤其依赖债务增长，金融开放使得国际资本市场的外币贷款成为国有企业重要的融资来源，人民币汇率升值有助于降低海外融资成本，因此负债率的高企加强了国有企业对升值的偏好。人民银行济南分行对山东省外资企业涉外债务融资的调研①发现，外资企业的外债以境外股东贷款为主，且股东贷款在借款利率、偿还金额以及偿还时间上均具有较大自主性，使得股东贷款很可能转化为股东投资，人民币贬值有助于提升境外股东将债权转为股权的投资额，这一现实或许可以解释负债率上升加强了外资企业贬值偏好的结论。

与卫茅斯（Weymouth，2008）研究结论相似，实证研究发现生产率与企业势力的交叉项具有统计显著性，意味着生产率提升有助于增强企业盈利能力和市场竞争力，从而降低其对汇率变动冲击的敏感度。

随着经济金融全球化程度的加深和民主政治建设的推进，国内经济主体的利益诉求会更加多元化，围绕汇率问题产生的利益分歧也会越来越复杂和具有多变性，本书只考察了贸易依赖度较高的工业部门内部不同所有制企业的汇率偏好，没有考察政策影响力日渐提升的金融机构、房地产业等服务部门，是研究存在的一个不足。此外，本书研究证实了利益主体在人民币汇率决定中的作用，而如何着眼于利益主体的汇率博弈视角来构建和完善人民币汇率决定理论、开展汇率变动趋势预测的实证研究，也是未来需进一步探索和完善的问题。

---

① 中国人民银行济南分行资本项目管理处课题组、苑治亭、赵文兴、中国人民银行济南分行、中国人民银行济南分行资本项目管理处：《山东省外资企业涉外债务融资现状、问题及对策研究》，载《金融发展研究》2012年第11期，第35~38页。

第七章

结论和政策建议

第一节　主要结论汇总

本书基于人民币汇率变动对收入分配的现实传导机制分析，从理论和实证两方面深入考察不同维度上人民币汇率变动的收入分配效果：宏观层面，主要探讨人民币汇率改革和汇率变动对劳动和资本要素收入分配的影响，也即人民币汇率变动的功能性收入分配效果；微观层面，基于家庭居民收入的微观数据分析，对汇率变动的个人收入分配效果进行实证检验。在此基础上，基于简单的一般均衡模型，通过梳理和分析汇率变动对居民福利的作用机制，对人民币汇率变动的福利分配效应进行了全面评估。不同维度开展的实证研究取得了较为一致的结论，即，人民币贬值一方面恶化了要素收入分配，同时也扩大了个人收入差距，而货币升值则有助于改善收入不平等。宏观分析与微观分析的结合，为人民币汇率制度改革的收入分配效果提供了科学全面的解读，有助于明确汇率政策在收入分配调节中发挥的作用，从而通过汇率政策与其他政策手段的配合更好地实现共同富裕目标。

进一步地，鉴于人民币汇率变动具有显著的收入分配效果，加之评估人民币汇改宏观经济绩效的现有研究往往忽略了收入分配机制的考察，接下来本书主要着眼于收入分配的视角，从投资和消费两个层面考察评估了人民币汇率制度改革的宏观经济绩效。理论和实证研究均印证了收入分配机制在人民币汇率变动投资效应和消费效应中发挥着重要的中介传导作用，因此需要综合运用汇率政策、财政政策、金融政策等多种手段的搭配推动消费驱动型经济增长模式的转变和居民消费结构的升级。

最后，随着人民币汇率趋于均衡合理水平，国内利益主体基于不同的政策偏好积极开展的政治博弈对汇率决定发挥着日益重要的影响，本书着重对汇率改革中国内不同群体的利益诉求和政策偏好进行了解析和比较，阐释国内各利益主体的汇率偏好在人民币汇率决定中的作用及其政策含义。

本书主要研究内容和结论如下：

（1）基于厂商价格加成模型，本书对汇率变动的功能性收入分配效果进行了理论分析，在此基础上，利用我国39个工业行业2002～2010年相关指标的年度数据和面板联立方程两阶段最小二乘回归，实证考察了人民币实际汇率变动对工资份额和利润份额的影响效果。研究发现，人民币贬值提高了利润份额、降低了工资份额，从而恶化了收入分配不公，而人民币升值则有利于改善收入分配不平等。进一步地，汇率变动对收入分配的作用效果会受企业价格加成比例和资本产出比的影响——价格加成比例的提高会削弱汇率变动的收入分配效果，而资本产出比增加会提升汇率变动的收入分配效果。

（2）基于中国健康与营养调查的微观数据（CHNS），课题采用面板分位数回归方法实证考察人民币实际汇率变动的个人收入分配效果及其在不同收入阶层中的差异。进一步地，作为稳健性检验，本书借助伪面板回归技术来处理CHNS调研数据的样本轮换和样本非随机流失问题，以求从更长的时间跨度揭示人民币汇率变动对收入分配作用效果的全景。基于不同回归方法的实证检验结果具有稳健性，研究发现，人民币实际汇率贬值扩大了收入不平等，而升值则缩小了个人收入差距，且汇率变动对个人收入分配的作用效果随着收入阶层的提升而减弱。该结论意味着，汇率政策在调节居民收入不平等，尤其是低收入阶层的收入不平等方面可以发挥重要的作用。

（3）鉴于人民币汇率变动具有显著的收入分配效果，本书将收入分配机制引入到汇率变动宏观经济绩效的评估中，基于经济增长和收入分配决定的Neo－Kaleckian模型，首先从理论角度考察了人民币汇率变动对经济增长的影响效果及收入分配机制的中间传导作用，进而基于省际年度面板数据和Sobel中介效果检验，实证考察了收入分配机制在当前人民币汇率变动的投资效应和消费效应中发挥的作用。中介效果检验表明，收入分配机制是人民币汇率变动影响固定资产投资和居民消费的重要中介传导渠道。

(4) 人民币汇率制度改革和汇率变动引发的收入和利益再分配效应会促使国内各利益主体基于其汇率政策偏好对汇率决策进行影响，从而在人民币汇率制度改革和双向波动趋势下的人民币汇率决定中发挥着愈加重要的作用。着眼于汇率决定的政治经济学视角，本书运用共同代理模型分析了利益主体对汇率决策的影响，进而基于行业面板数据实证检验了国有企业和外资企业势力变化对行业层面人民币实际有效汇率的影响效果及影响因素。研究表明，国有企业势力增强有助于人民币实际汇率升值，而外资企业势力增强导致人民币贬值；贸易开放度和资产负债率上升显著强化了利益主体的汇率偏好，而生产率提升弱化了汇率偏好。

第二节 政策建议

人民币汇率变动具有显著的收入分配效果，致力于改善贫富分化、推动经济结构转型升级的政府决策者，应注意发挥汇率机制的调控作用，通过汇率政策、财政税收政策及其他政策工具的有效搭配，扭转劳动收入份额持续下降的趋势，解决我国社会日渐恶化的收入分配不平等问题，推动经济增长模式由投资和出口驱动向内需主导型转变，以实现公平高效可持续的经济增长。

(1) 面对着改革开放后劳动收入份额不断下降的趋势，决策者应关注汇率变动的要素收入分配效果，借助不同政策工具的搭配运用，着力提升劳动收入份额，推动当前经济结构的转型升级。

近几十年来劳动收入份额的持续下降是世界各国，包括中国所面临的一个普遍问题。当前，我国处于经济结构转型的关键期，靠出口和政府投资拉动的经济高速增长已难以维系，内需将成为未来经济增长的主要推动力，劳动者收入的提高对于促进消费和经济可持续增长具有重大意义。本书研究表明，人民币汇率贬值恶化了劳动和资本的要素收入分配，从而强化了投资和出口导向型的经济增长模式，而人民币升值则有助于改善要素收入分配，提升劳动收入份额，鼓励消费而抑制出口和投资，从而推动经济增长模式向技术和内需驱动的内生性增长转变。研究还发现，人民币汇率变动的要素收入分配效果具有异质性，在价格加成比较低和资本产出比较高的企业更大，在中西部地区效果更显著。鉴于此，为更好地发挥人民币升值策略对经济结构升级的促进作用，各地政府应因地制宜，推动要素资源的市场化改革，积极实施人才供给侧改革，通过多种政策工具的搭配，以提升劳动收入份额，促进内需增长。

第一，在转型的关键时期，政府应该进一步推进要素价格市场化改革，加速实现要素资源的市场化配置，提高要素资源的流动性和使用效率。在利率管制和国有银行服务于国有企业的二元化金融体系下，国有企业凭借在行业中的垄断地位和国有化身份更易于获取资金而用资本替代劳动，并维持了较高的价格加成能力。相反，融资困难的民营企业则倾向于用劳动替代资本。为此，应推进金融市场化改革，完善资本定价机制，让市场供求决定利率，防止因贷款利率偏低造成国有企业资本替代劳动和资本使用过度，而民营企业出现资金严重短缺的资本错配现象。通过资本在不同所有制企业间的自由流动，实现资本与劳动议价能力的平衡，抑制资本收入份额的上升。同时，打破国有垄断行业的行政垄断，降低市场进入壁垒和制度性壁垒，提高市场化程度，调整垄断行业的要素收入分配结构。

第二，人民币升值促进了技术创新和升级，有助于提升技能型劳动者的劳动报酬。政府应把握契机，调整普通高等教育与职业教育的配比结构，构建多层次、功能互补的人才培养计划，加强与中国经济转型和经济发展需要相适应的技能技术型人才的培养；建立和完善现代职业教育体系和在职培训制度，为新入职人员、下岗再就业人员等不同人群提供进修和培训服务，提升劳动者素质和劳动生产率。此外，低技能劳动力就业密集的中小型企业，受自身规模、生产经营能力和融资等方面的限制，在技术研发和创新进程中处于劣势，政府应发挥引导作用，支持和鼓励中小民营企业积极承接大中型企业淘汰的劳动偏向性技术，实现劳动生产率和劳动报酬的提升。

（2）发挥人民币汇率制度改革和汇率变动对居民个人收入分配的调节效果，通过汇率政策、财税政策、货币政策的适当组合，并配合要素市场改革、社会保障制度改革和金融改革的深化，实现经济高效公平的增长。

本书研究证明了人民币汇率变动对居民个人收入分配的重要影响。20世纪80年代后的人民币贬值，配合城乡分割的劳动力市场和偏向城市的非均衡发展政策，促进了城市化和工业化进程，但同时也加剧了城乡间收入不平等。1994年人民币汇率制度改革与偏向东部地区的财税优惠政策和招商引资政策，推动了20世纪90年代以来出口导向型经济的快速增长，但扩大了东中西部地区之间的发展不平衡和收入差距。贫富分化不但阻碍了经济的长期可持续发展，甚至有令经济陷入中等收入陷阱的风险。面对着持续恶化的居民收入不平等问题，当前政府主要依赖工资政策抑制初次分配环节的劳动要素收入份额下降趋势，通过财政税收政策进行收入再分配调节，而本书结论意味着，人民币汇率政策在调节国内城乡收入不平等、区域和部门发展失衡等问题方面也可以发挥重要作用，由于城乡户籍、地区、就职部门和居民受教育年限对汇率变动收入分配效果的影响随着收入阶层的提升而下降，这表明汇率政策在调节低收入阶层的收入不平等方面可以发挥更显著的作用。为更好地发挥人民币升值对居民收入差距的调控作用，地方政府决策者应根据本地实际情况，相机采用财税优惠政策和招商引资政策。

第一，政府应纠正以往工业和城市偏向的经济政策，着力缩小城乡收入差距。当前，政府调节收入再分配的财税政策非但没有有效缓解城乡收入差距，甚至助长了差距的扩大，如财政转移支付的城乡之间差别显著，给城镇居民的财政转移支付远远大于给农民的数量，基本养老和医疗保险在城乡之间差别很大。本书研究发现，农村低技能劳动力供给过剩是城乡收入差距的重要根源，政府应通过财政调控政策和社会保障制度改革，应着力提升农民的人力资本积累。一方面推动户籍制度和劳动力市场改革，打破城乡分割体制，促进城乡间劳动力的自由流动和高效配置；另一方面，建立农村社会保障体系，加大农村公共设施和服务的财政投入，确保城乡劳动力享有公平的教育和就业机会，通过多种多样的技能培训提升农村劳动力的人力资本。

第二，消除劳动力跨地区均衡流动障碍，缩小地区收入差距。当前东中西部地区经济的梯度发展战略和区域分工格局主要是改革开放后出口导向型经济增长战略的产物，在“六五”“七五”“八五”时期，中央的地区政策持续向经济基础好的沿海地区倾斜，将改革开放的一系列优惠政策分配给东部地区，东部地区的优先快速发展继而吸引了优质劳动力，提升了劳动生产率，但非均衡的劳动力跨地区流动扩大了地区间收入差距。本书研究表明，劳动力在地区间流动不畅会阻碍人民币升值对地区间收入差距的调节作用。因此，为了更好地发挥汇率变动对地区收入差距的调节作用，中央政府应通过加大财政转移支付，支持和鼓励落后地区政府通过增加城市公共服务、改善基础设施、完善社会保障体系、优化生活环境和创业环境等一系列举措来促进人口跨地区均衡流动。

第三，继续推进对个人放权让利的产权改革，拓展居民的利息、租金及利润等财产性收入来源，从根本上解决中国的收入分配失衡问题以扩大中国的内需，并形成由市场主体自担汇率风险的市场机制。

（3）汇率政策的制定以及汇率制度的选择不仅是一个经济问题，尤其是管理浮动汇率制下的人民币汇率决定。随着我国国际收支逐渐形成自主性平衡的新格局，人民币汇率趋于均衡合理水平，国内利益主体基于各自不同的汇率偏好展开的博弈在未来人民币汇率制度改革和人民币汇率双向波动趋势中将发挥愈加重要的作用。因此，决策者在汇率制度制定过程中需要兼顾和平衡不同集团的汇率偏好和利益诉求，以确保人民币弹性汇率制度改革的顺利推进。

实证研究表明，汇率变动对国内外不同行业、部门和地区的微观经济主体会产生非对称性影响，面对汇率变动带来的收入分配效应，经济主体不会被动接受既定的政策安排，而是积极主动地开展政治游说以影响政府的汇率决策。一方面，央行和政府有关部门应积极广泛地开展调研或座谈会，及时了解和把握社会不同部门和群体对人民币汇率弹性制度改革和汇率双向波动的看法，适当搭配运用财政补贴、转移支付、税收、信贷等多种调控手段和政策倾斜抵消汇率改革和汇率变动对弱势群体和收入分配的负面冲击，协调好局部利益和整体利益的冲突，确保人民币汇率渐进式弹性改革的顺利实施。另一方面，鉴于国内各利益主体尚处于起步发展阶段，在组织方式、运作机制、信息沟通等方面还存在着诸多不完善和问题，目前应通过加强民主和法治建设，提高各利益主体参与汇率决策的制度化和合法化，建立健全信息沟通和诉求表达渠道，形成各利益主体与政府决策者之间的良性互动。

参考文献

[1] 蔡跃洲:《财政再分配失灵与财政制度安排——基于不同分配环节的实证分析》,载《财经研究》2010 年第 1 期。

[2] 曹瀚、苏应蓉:《制造业汇率偏好测算及其经济影响因素的考察》,载《经济视角》2016 年第 2 期。

[3] 曹伟、申宇:《汇率变动对固定资产投资的影响研究:理论及中国实证》,载《数量经济技术经济研究》2014 年第 7 期。

[4] 常进雄、王丹枫:《初次分配中的劳动份额:变化趋势与要素贡献》,载《统计研究》2011 年第 5 期。

[5] 陈国进、陈创练:《人民币升值背景下进口商品消费与国内商品消费关系研究》,载《世界经济》2010 年第 7 期。

[6] 陈凌、李宏彬、熊艳艳、周黎安:《企业规模对职工工资的影响:来自中国竞争性劳动力市场的证据》,载《金融研究》2010 年第 2 期。

[7] 丁剑平、鄂永健:《实际汇率、工资和就业——对中国贸易部门和非贸易部门的实证研究》,载《财经研究》2005 年第 11 期。

[8] 范言慧、宋旺:《实际汇率对就业的影响:对中国制造业总体的经验分析》,载《世界经济》2005 年第 4 期。

[9] 方文全:《中国劳动收入份额决定因素的实证研究:结构调整抑或财政效应?》,载《金融经济》2011 年第 2 期。

[10] 傅章彦:《消费—实际汇率悖论在中国的实证检验》,载《经济评论》2008 年第 4 期。

[11] 顾国达、张正荣、张钱江:《汇率波动、出口结构与贸易福利》,载《世界经济研究》2007 年第 2 期。

[12] 李颖、钱程、王海兵:《人民币汇率变动的收入分配效应研究》,载《经济科学》2014 年第 3 期。

[13] 李颖、韩仁月:《汇率升值与货币工资增长互为替代吗?》,载《经济科学》2012 年第 3 期。

[14] 李颖、钱程、王海兵：《人民币汇率变动的收入分配效果研究——基于厂商价格加成模型的理论和实证分析》，载《经济科学》2014年第3期。

[15] 李增刚、邹先军：《实际有效汇率对城乡收入差距的影响》，载《经济动态与评论》2016年第1期。

[16] 刘建和、吴纯：《进出口、汇率与固定资产投资：绝对模型和相对模型的考察》，载《国际贸易问题》2011年第5期。

[17] 刘涛：《汇率偏好、游说竞争及中国主要产业部门的汇率政策影响力评估》，载《金融研究》2013年第2期。

[18] 陆铭、陈钊、万广华：《因患寡，而患不均——中国的收入差距、投资、教育和增长的相互影响》，载《经济研究》2005年第12期。

[19] 明娟、张建武：《人民币实际有效汇率变动对就业与工资的影响》，载《国际经贸探索》2011年第7期。

[20] 潘敏、唐晋荣：《人民币汇率升值与区域产出差距——基于MS-VAR模型的实证分析》，载《财贸经济》2014年第6期。

[21] 卿石松：《人民币升值影响就业的机制、效应与政策含义》，载《经济评论》2009年第2期。

[22] 邵建春：《对外开放与我国收入分配不平等》，载《经济经纬》2012年第5期。

[23] 随洪光、余李、段鹏飞：《外商直接投资、汇率甄别与经济增长质量——基于中国省级样本的经验分析》，载《经济科学》2017年第2期。

[24] 孙文杰：《中国劳动报酬份额的演变趋势及其原因》，载《经济研究》2012年第5期。

[25] 田素华：《人民币汇率变动投资效应的企业特征》，载《世界经济》2008年第5期。

[26] 佟家栋、许家云：《人民币汇率与出口企业的职工工资：红利还是阻力》，载《国际贸易问题》2016年第10期。

[27] 万解秋、徐涛：《汇率调整对中国就业的影响》，载《经济研究》2004年第2期。

[28] 王倩、黄蕊、冯小初：《人民币升值对消费结构的影响研究》，载《经济与管理战略研究》2012年第11期。

[29] 王宋涛、吴超林：《收入分配对中国居民总消费的影响分析——基于边际消费倾向的理论和实证研究》，载《经济评论》2012年第6期。

[30] 王孝成:《人民币实际汇率与中国就业——基于内生劳动力供给模型的实证研究》,载《世界经济研究》2010 年第 2 期。

[31] 魏巍贤:《人民币升值的宏观经济影响评价》,载《经济研究》2006 年第 4 期。

[32] 吴国鼎、姜国华:《人民币汇率变化与制造业投资——来自企业层面的证据》,载《金融研究》2015 年第 11 期。

[33] 吴振球、祝正芳、谢香:《中国收入分配差距结构、经济景气波动与居民消费需求》,载《宏观经济研究》2010 年第 6 期。

[34] 夏冠军:《实际汇率、进出口贸易与我国城乡收入差距——基于结构 VAR 模型的动态分析》,载《经济地理》2010 年第 4 期。

[35] 谢国忠:《警惕房地产利益集团游说人民币升值》,载《21 世纪经济报道》2005 年 1 月 24 日。

[36] 徐建国:《人民币贬值与服务业停滞》,载《世界经济》2011 年第 3 期。

[37] 徐建炜、戴觅:《人民币汇率如何影响员工收入?》,载《经济学季刊》2016 年第 4 期。

[38] 尹智超、甘犁:《公共部门和非公共部门工资差异的实证研究》,载《经济研究》2009 年第 4 期。

[39] 喻美辞:《国际贸易、技术进步对相对工资差距的影响——基于我国制造业数据的实证分析》,载《国际贸易问题》2008 年第 4 期。

[40] 袁志刚、邵挺:《人民币升值对我国各行业利润率变动的影响——基于 2007 年投入产出表的研究》,载《金融研究》2011 年第 4 期。

[41] 袁志刚、夏林锋、樊潇彦:《中国城镇居民消费结构变迁及其成因分析》,载《世界经济文汇》2009 年第 9 期。

[42] 袁志刚、朱国林:《消费理论中的收入分配与总消费——兼对中国消费不振的分析》,载《中国社会科学》2002 年第 2 期。

[43] 张斌、何帆:《货币升值的后果》,载《经济研究》第 5 期。

[44] 张德进:《人民币汇率变化对资本劳动比例的影响研究》,载《国际贸易问题》2014 年第 1 期。

[45] Aart Kraay. The Welfare Effects of a Large Depreciation: The Case of Egypt, 2000 - 2005 [R]. World Bank Policy Research Working Paper No. 4182, 2007.

[46] S. S. Alexander. Effects of a devaluation: a simplified synthesis of

elasticities and absorption approaches [J]. American Economic Review, 1952, 49: 22 -42.

[47] Backus D. K. , Smith G. W. Consumption and real exchange rates in dynamic economies with non-traded goods [J]. Journal of International Economics, 1993, 35 (3/4): 297 -316.

[48] Bahmani - Oskooee, Hajilee. On the relation between currency depreciation and domestic consumption [J]. Global Business and Economics Review, Inderscience Enterpriese Ltd, 2012, 14 (4): 249 -273.

[49] Bernard A. , Jensen J. B. Exporters, Skill Upgrading and the Wage Gap [J]. Journal of International Economics, 1997, 42: 3 -31.

[50] Bernheim Douglas, Michael Whinston. Menu Auctions, Resource Allocation and Economic Inflence [J]. Quarterly Journal of Economics, 1986, 101: 1 -31.

[51] Bhaduri, A. , Marglin, S. Unemployment and the real wage: the economic basis for contesting political ideologies [J]. Cambridge Journal of Economics, 1990, 14: 375 -393.

[52] Bloomberg S. Brock, Jeffry Frieden and Ernesto Stein. Sustaining Fixed Rates: The Political Economy of Currency Pegs in Latin America [J]. Journal of Applied Economics, 2005, 8: 203 -225.

[53] Branson W. H. , Love J. P. The Real Exchange Rate and Employment in U. S. Manufacturing: State and Regional Results [R]. NBER Working Paper No. 2435, 1987.

[54] Broz J. Lawrence and Jeffry A. Frieden. The Political Economy of Monetary Relations [J]. Annual Review of Political Science, 2001, 4: 317 -343.

[55] Broz J. L. , Frieden J. A. The Political Economy of International Monetary Relations [J]. Political Science, 2001, 4 (4): 317 -343.

[56] Calvo G. A. , Leiderman L. and Reinhart C. M. Inflows of Capital to Developing Countries in the 1990s [J]. Journal of Economic Perspectives, 1996, 10: 123 -140.

[57] Campa J. M. and L. S. Goldberg. The Evolving External Orientation of Manufacturing: A Profile of Four Countries [J]. Reserve Bank of New York Economic Policy Review, 1997, 3: 53 -81.

[58] Cooper Richard N. Devaluation and aggregate demand in Aid Receiv-

ing Countries [M]//Bhagwati et al eds. Trade, balance of payments and growth. Amsterdam: North Holland, 1971.

[59] Corsetti G., Dedola L., Leduc S. International risk sharing and the transmission of productivityshocks [J]. Review of Economic Studies, 2008, 75 (2): 443-473.

[60] Cuddington John. Commodity Export Booms in Developing Countries [J]. World Bank Research Observer, 1989, 4 (2): 143-165.

[61] Daniel Kinderman. The Political Economy of Sectoral Exchange Rate Preferences and Lobbying: Germany from 1960-2008, and beyond [J]. Review of International Political Economy, 2008, 15 (5): 849-877.

[62] David A. Steniberg. The reversal of political parties' support for overvalued exchange rates [C]. 2010 annual meeting of the American Political Science Association, Washington, DC.

[63] Deaton A. Panel Data from Time Series of Cross Sections [J]. Journal of Ecnometrics, 1985, 30: 109-126.

[64] Diaz Alejandro. A note on the impact of devaluation and the redistributive effect [J]. The Journal of Political Economy, 1963, 71 (6): 577-580.

[65] Diaz Alejandro. Exchange rate devaluation in a semi-industrialized country: the experience of Argentina[J]. Cambridge: M. I. T. Press, 1965.

[66] Diaz Alejandro. A note on the impact of devaluation and the redistributive effect [J]. The Journal of Political Economy, 1963, 71 (6): 577-580.

[67] Dixit Avinash, Henrik Jenser. Common Agency with Rational Expectations: Theory and Application to a Monetary Union [J]. Economic Journal, 2003, 113: 539-439.

[68] Drine Imed. Christophe Rault. Long-run Determinants of Real Exchange Rate [J]. Economic Research, 2001.

[69] Faia E., M. Giuliiodori and M. Ruta. Political Pressure and Exchange Rate Stability in Emerging Market Economies [J]. Journal of Applied Economics, 2008, 11 (1): 1-32.

[70] Foster G., Wagner E. Do Exchange Rates Matter? A Global Survey of CEOs and CFOs on ExchangeRates [M]. London: The Conference Board, 2004.

[71] Frieden J., Ghezzi P., Stein E. The Political Economy of Exchange

Rate Policy in Latin America: An Analytical Overview [R]. Inter American Development Bank Research Network Working Paper No. 136, 2000: 1 –24.

[72] Frieden, J. Invested interests: The Politics of National Economic Policies in a World of Global Finance [J]. International Organization, 1991, 45: 425 –451.

[73] Frieden, J. Exchange Rate Politics: Contemporary Lessons from American History [J]. Review of International Political Economy, 1994, 1 (1): 81 –103.

[74] Galindo Arturo, Ugo Panizza and Fabio Schiantarelli. Debt Composition and Balance Sheet Effects of Currency Depreciation [J]. Emerging Markets Review, 2003, 4 (4): 330 –339.

[75] Gaulier G., Lahreche Revil A. and Mejean I. Exchange Rate Pass – Through at the Product Level [J]. Canadian Journal of Economics, 2008, 41 (2): 425 –449.

[76] Ghezzi and Pasco – Font. Exchange Rates and Interest Groups in Pero: 1950 – 1996 [R]. Inter – American Development Bank Research Network Working Paper 422, 2000.

[77] Goldberg, Tracy. Exchange rates and wages [R]. NBER Working Paper No. 8137, 2003.

[78] Griliches, Zvi. Capital – Skill Complementarity [J]. The Review of Economics and Statistics, 1969, 51 (4): 465 –468.

[79] Guido G. Porto. Using Survey Data to Assess the Distributional Effects of Trade Policy [J]. Journal of International Economics, 2006, 70: 140 – 160.

[80] Hadzi – Vaskov M. Does the nominal exchange rate explain the Backus – Smith Puzzle? evidence from the Eurozone [R]. Working Paper, Utrecht University, the Netherlands, 2007.

[81] Hess G D, Shin K. Understanding the Backus – Smith Puzzle: it's the (nominal) exchange rate, stupid [R]. Working Paper, Korea University, 2007.

[82] Hong – Ghi Min. Inequality, the price of nontradables and the real exchange rate: theory and cross-country evidence [J]. World Bank, Poverty Reduction and Economic Management Network, Poverty Reduction Group, 2002.

[83] Huizinga. Real Exchange Rate Misalignment and Redistribution [J]. European Economic Review, 1997, 21: 259 – 277.

[84] Irineu Filho and Marcos Chamon. A Micro – Empirical Foundation for the Political Economy of Exchange Rate Populism [J]. IMF Staff Papers, 2008, 55 (3): 481 – 510.

[85] Ivaschenko O. The Welfare Impact of the Exchange Rate Adjustment in Seychelles and Possible Mitigation Mechanisms [J]. Journal of Policy Modelling, 2007, 29 (3): 463 – 472.

[86] J. Lawrence Broz, JeffryFrieden and Stephen Weymouth. Exchange Rate Policy Attitudes: Direct Evidence from Survey Date [J]. IMF Staff Papers, 2008, 55 (3): 417 – 444.

[87] J. B. Knight. Devaluation and Income Distribution in Less Developed Economics [J]. Oxford Economic Papers, New Series, 1976, 28 (2): 208 – 227.

[88] Javier Cravino and Andrei Levchenko. The Distributional Consequences of Large Devaluations [R]. NBER Working Paper No. 23409, 2017.

[89] Jeanneneya, P. Hua. How does real exchange rate influence income inequality between urban and rural areas in China [J]. Journal of Development Economics, 2001, 64 (2): 529 – 545.

[90] Jeanneneya and P. Hua. How does real exchange rate influence income inequality between urban and rural areas in China [J]. Journal of Development Economics, Elsevier, 2001, 64 (2): 529 – 545.

[91] Jose LuisOreiro, Eliane Araujo. Exchange rate misalignment, capital accumulation and income distribution [J]. Pȧnoeconomics, 3, Special Issue, 2013: 381 – 396.

[92] Kollmann R. Consumption. real exchange rates and the structure of international asset markets [J]. Journal of International Money and Finance, 1995, 14 (2): 191 – 211.

[93] Krugman P. , Taylor L. Contractionary effects of devaluation [J]. Journal of International Economics, 1978, 8: 445 – 56.

[94] Ley C. et al. Detecting Outliers: Do not use standard deviation around the mean, use absolute deviation around the median [J]. Journal of Experimental Social Psychology, 2013, 49: 764 – 766.

[95] Lopez, Mantey. Exchange rate pass-through inflation and wage differentials in late-industrializing economies: the Mexican case [J]. Brazilian Journal of Political Economy, 2012, 32 (4): 634-655.

[96] Mao, Whalley. Ownership characteristics, real exchange rate movements and labor market adjustment in China [R]. NBER Working Paper 17565, 2011.

[97] Marla Ripoll. Real exchange rate targeting, macroeconomic performance and sectoral income distribution in developing countries [J]. Journal of International Trade and Economic Development, Taylor and Francis Journals, 2005, 14 (2): 167-196.

[98] Massimiliano La Marca. Real exchange rate, distribution and macro fluctutaions in export-oriented economies [J]. Metroeconomica, 2010, 61 (1): 124-151.

[99] Michael J. Twomey. Devaluations and income distribution in Latin America [J]. Southern Economic Journal, 1983, 49 (3): 804-821.

[100] Michell J. Factors Generating and Transmitting the Crisis: Functional Distribution of Income [R]. Financialisation, Economy, Society and Sustainable Development Working Paper, 2014.

[101] Michetti, Tropeano. Exchange rate policy and income distribution in an open developing economy [R]. MPRA Paper No. 6642, 2018.

[102] Mishra P., Spilimbergo A. Exchange Rates and Wages in an Integrated World [J]. American Economic Journal Macroeconomics, 2009, 3 (4): 53-84.

[103] Nucci, Pozzolo. Exchange Rate, External Orientation of Firms and Wage Adjustment [J]. World Economy, 2014, 37 (11): 1589-1611.

[104] Paulo Gala. Real exchange rate levels and economic development: theoretical analysis and econometric evidence [J]. Cambridge Journal of Economics, 2007.

[105] Prasad. distributional effects of macroeconomic policy choices in emerging market economies [R]. NBER Working Paper 19668, 2013.

[106] Rabanal P., Tuesta V. Non tradable goods and the real exchange rate [R]. Working Paper, Central Reserve Bank of Peru, 2007.

[107] Rapetti, M. Policy coordination in a competitive real exchange rate

strategy for development [J]. Department of Economics, University of Massachusetts Amherst, mimeo, 2011.

[108] Ravn M. Consumption dynamics and real exchange rates [R]. CEPR Discussion Paper, No. 2940, 2001.

[109] Raymond Robertson. Exchange Rates and Relative Wages: Evidence from Mexico [J]. North American Journal of Economics and Finance, 2003, 14: 25 -48.

[110] Richard N. Cooper. Currency Devaluation in Developing Countries [J]. Government and Economic Development, Yale University Press, 1971.

[111] Risheng Mao, John Whalley. Ownership Characteristics, Real Exchange Rate Movements and Labor Market Adjustment in China [EB/OL]. http: //www. nber. org/papers/w17565, 2011.

[112] Ronald Mckinnon, Keinichi Ohno. Dollar and Yen: Resolving Economic Conflict between the United States and Japan [J]. Pacific Affairs, 1997, 71 (3): 845 -846.

[113] Selaive J., Tuesta V. Net foreign asset and imperfect pass-through: the consumption-real exchange rate anomaly [R]. Board of Governors Working Paper 764, 2003.

[114] Shambaugh George E. The Power of Money: Global Capital and Policy Choices in Developing Countries [J]. American Journal of Political Science, 2004, 48 (2): 281 -295.

[115] Shiu - Sheng Chen. Using demographic changes to revisit the consumption-real exchange rateanomaly [J]. The Manchester School, 2013, 81 (2): 163 -175.

[116] Sobel M. Asymptotic Confidence Intervals for Indirect Effects in Structural Equation Models [J]. Sociological Methodology, 1982: 290 -313.

[117] Steinberg D. A. The Reversal of Political Parties' Support for Overvalued Exchange Rates [C]. Annual Meeting of the American Political Science Association, 2010.

[118] Steinberg D. A., V. C. Shih. Interest Group Influence in Authoritarian States: The Political Determinants of Chinese Exchange Rate Policy [J]. Comparative Political Studies, 2012, 45 (11): 1405 -1434.

[119] Strauss J. The Influence of Traded and Non-traded Wages on Rela-

tive Prices and Real Exchange Rates [J]. Economic Letters, 1977, 55 (3): 391 - 395.

[120] Verbeek, M. , T. Nijman. Can Cohort Data be Treated as Genuine Panel Data? [J]. Empirical Economics, 1992, 17: 9 - 23.

[121] Woodridge J. Econometric Analysis of Cross Section and Panel Data [M]. MIT Press, Cambridge, Massachusetts London, England, 2002: 157 - 163.

[122] Walter, S. A new approach for determining exchange rate level preferences [J]. International Organization, 2008, 62: 405 - 438.